本书受到湖北大学新闻传播学省级重点学科及
新闻传播学学位点建设经费资助

晋艺菡 著

THE RESEARCH ON
广告舆论
SOCIAL FUNCTIONS
及其社会功能
OF
ADVERTISING
PUBLIC OPINION

社会科学文献出版社
SOCIAL SCIENCES ACADEMIC PRESS (CHINA)

序

广告作为一种特殊的传播活动,其主体功能是促进商品销售和品牌传播,因此不可避免地带有明显的商业背景或政治背景。随着数字传播时代的到来,由于其有沟通力的传播内容和互动沟通式的传播路径,广告正在越来越深刻地影响着社会价值的形成和人类现实生活的质量。这不仅是广告创作者意料之中的结果,也是营销环境和传播环境等日益复杂的大背景推动的结果,广告舆论问题随之得以凸显。我们不仅应该承认广告舆论的存在,更应该给予广告舆论更多的关注和研究。

2016年2月,习近平总书记在党的新闻舆论工作座谈会上强调:"广告宣传也要讲导向"[①],晋艺菡的博士学位论文即以此为方向展开研究。几易其稿,晋艺菡终于完成了她的博士学位论文《广告舆论的社会功能研究》,并且得以付梓,可喜可贺。

这是一本系统地研究广告舆论与导向的著作,晋艺菡博士尝试回答三个问题:广告舆论有哪些社会功能;广告舆论社会功能的作用机制为何;广告舆论社会功能发挥的现状及如何引导。解答这些问题,可以为实现社会控制、抑制广告舆论负面功能的发挥、进行有效的舆论引导提供依据与策略。

为回答这些问题,这本书先对广告舆论及其社会功能的本质内涵进行界定,以明确研究的边界。首先,作者通过对既往舆论研究的梳理,对现有广告研究中的舆论观点进行提炼,结合社会现实,

---

① 习近平总书记党的新闻舆论工作座谈会重要讲话精神学习辅导材料[M].北京:学习出版社,2016:6-7。

得出广告舆论概念：广告舆论是在广告传播过程中，经共同知觉人群互动、协调而产生的基于共同利益的整合性意见。并且，研究将之与宣传、新闻舆论、网络舆论的概念的区别进行了说明。同时，并非所有的广告传播活动均会导致广告舆论的产生，这本书也对广告舆论的形成及标志进行了研究，得出广告舆论形成的三个标志：①意见的数量——占据社会共同知觉人群的较大比例；②舆论的稳定性——存在整合的表象；③意见向量——个别意见方向上达到一定强度，并以此为依据，来区分形成广告舆论的广告传播活动与普通的广告传播活动。其次，这本书通过对"功能"一词在不同语言、语境中的表意梳理，对"功能"概念的综述，得出社会功能必要性、客观性、系统性的概念边界，给出广告舆论社会功能概念：广告舆论社会功能是广告舆论系统服务于必要的系统整合的内在属性作用于社会系统的客观结果。最后，基于对功能主义理论研究的系统梳理，这本书发现结构-功能主义理论具有针对这项研究的适用性，可以作为这项研究的分析框架。结构功能学派认为系统是一个事实，系统中的结构与功能相互依赖、共生。该理论体系的使用是基于广告舆论特征的必然选择，也存在对弊端进行规避的弹性空间。同时，对结构-功能主义理论在这本书中的具体运用进行了说明，对社会功能的分析可以通过结构分析得以实现，即要对广告舆论系统要素及必要性要素进行探索。

具体来说，这项研究分为三个研究步骤。①提炼广告舆论系统的结构性要素，得到系统要素假设。基于理论推导，书中将广告舆论系统分为三个层次：广告信息资源、广告信息主体、广告信息环境，并对各层次中观层面的下设要素进行细化，得出广告舆论系统层次与结构性要素的初级假设，亦作为后续研究的分析框架。②选取形成广告舆论的案例，以多案例研究对系统要素假设进行验证与扩展，也为后续社会功能及其作用机制的分析提供线索。结合三个案例的分析，研究对广告舆论系统要素进行了修正：广告信息资源层次包含"问题""意见"，广告信息主体层次包含"广告主""广告公司"

"媒介""受众""意见领袖""其他官方机构",广告信息软环境包含"主流思想""可讨论性""相关规制"。研究也分析了每个案例中广告舆论的形成过程,为结构性要素作用于社会系统的过程与途径提供线索。③以结构-功能主义理论中的 AGIL 理论对广告系统功能发挥条件进行分析,对广告舆论系统服务于必要的系统整合的内在属性进行确定。通过细致的分析,这本书得出结论:适应条件下,系统的内在属性为信息设定的受众取向、网络媒介的全面介入、对主流思想的妥协与抗争。目标条件下,系统的内在属性为信息资源与广告目标的契合、优化广告创意与表达、传播中的议程设置、意见叠加与权威认证。整合条件下,系统的内在属性为可控性信息主体的通力合作、激励受众参与互动。维模条件下,系统的内在属性为信息的可讨论性、传播中的风险控制。

依据上述结论,这本书得出了前两个研究问题的答案。即,总结了系统内在属性作用于社会系统的客观结果与过程,得出广告舆论及其社会功能作用机制研究的结论:①镜像功能,表现于对共同知觉人群的特征描述、对社会主流思想与思想变革的反映、对媒介技术发展与革新的体现,具有以广告目标为核心的作用机制;②民意呈现功能,主要表现为刺激意见表达与意见互动,具有以传播为核心的作用机制;③建构功能,可以建构人的自我与建构新的关系,具有以利益为核心的作用机制;④整合功能,可以整合广告产业链、整合社会思想与行为,具有以理性为核心的作用机制。

结合上述结论与其作用于社会中的具体效果,晋艺菡博士回答了第三个研究问题,认为广告舆论的负功能主要为:①阻碍新闻媒介社会效益的发挥;②破坏双元市场结构;③对相关人群的利益损害;④激化社会矛盾。并且,这本书对各负功能产生的关键性要素进行了提炼。为实现社会控制、抑制负功能发挥、促进正功能发挥,需重视广告舆论引导工作。广告舆论引导工作分为对广告镜像功能与民意呈现功能的把控,和对广告舆论整合功能与建构功能发挥的控制两个层次。着眼于四项广告舆论社会功能作用机制的核心,这本书提出了四个相应的广告舆论引导建议：①由管理转向合理利用；②加强主体要素的相关规制；③壮大"第四种力量"；④规范意见领袖与权威认证机构的行业发展。

在传播学界，对市场传播的研究相对处于边缘的地位，对广告舆论的研究更是处于零星的状态，更遑论系统地、规范地、深入地研究。晋艺菡博士在其著作中对广告舆论相关概念的界定，借鉴结构-功能主义理论所建立的广告舆论社会功能研究的理论分析框架，结合现实状况所提出的广告舆论负功能的特征及其控制与引导的策略，都具有一定的创新性。

关于广告舆论与导向问题的研究，将会是广告研究一个重要的范畴与内容。从广告舆论的社会功能出发讨论广告的舆论与导向问题是一条科学、可行的路径，望晋艺菡博士在未来的研究中继续与时俱进、深入观察数字传播时代广告舆论发展的新特点，继续探讨广告舆论导向作用的新规律。

是为序。

武汉大学新闻与传播学院　姚曦
2019 年 9 月 15 日

目 录

1 **绪论** / 1
    1.1 广告舆论现象频发与研究的缺失 / 1
    1.2 舆论研究的重要性与研究的局限 / 2
    1.3 广告舆论社会功能的研究现状与存在问题 / 3

2 **广告舆论及其社会功能的本质内涵** / 11
    2.1 广告舆论的本质内涵 / 11
    2.2 广告舆论的形成及标志 / 29
    2.3 广告舆论社会功能的本质内涵 / 41

3 **基于功能主义的广告舆论社会功能分析范式** / 47
    3.1 功能主义理论研究的系统梳理 / 47
    3.2 结构-功能主义在广告舆论社会功能研究中的适用性 / 53
    3.3 结构-功能主义在广告舆论社会功能研究中的具体运用 / 57

4 **广告舆论系统的要素提炼** / 62
    4.1 广告舆论系统的假设 / 62
    4.2 案例研究设计 / 73
    4.3 案例一：SK-Ⅱ《她最后去了相亲角》/ 76
    4.4 案例二：中国共产党《我是谁》/ 90
    4.5 案例三：YSL 星辰口红 / 103

5 功能发挥条件分析：广告舆论系统必要的内在属性 / 122

5.1 适应条件 / 122

5.2 目标条件 / 126

5.3 整合条件 / 130

5.4 维模条件 / 132

6 广告舆论的社会功能及其作用机制 / 135

6.1 镜像功能 / 136

6.2 民意呈现功能 / 141

6.3 建构功能 / 145

6.4 整合功能 / 150

6.5 功能间的耦合关系 / 155

7 社会功能的负面效应及引导策略 / 157

7.1 广告舆论负功能及产生要素的提炼 / 157

7.2 对广告舆论引导的建议 / 163

8 结论 / 172

参考文献 / 175

图表目录

图 2-1　舆论形成阶段示意 / 32
图 6-1　广告舆论镜像功能的作用机制 / 139
图 6-2　广告舆论民意呈现功能的作用机制 / 143
图 6-3　广告舆论整合功能以利益为核心的作用机制 / 149
图 6-4　广告舆论整合功能的以理性作为核心的作用机制 / 153
表 2-1　国外研究中的舆论概念 / 12
表 2-2　国内研究中的舆论概念 / 13
表 3-1　默顿的功能分析范式 / 52
表 4-1　广告舆论系统层次要素假设 / 72
表 4-2　SK-Ⅱ《她最后去了相亲角》视频广告切片 / 77
表 4-3　广告舆论系统要素调整 / 89
表 4-4　中国共产党《我是谁》视频广告切片 / 90
表 4-5　YSL星辰口红推文第一段对话内容 / 104
表 4-6　YSL星辰口红推文第六段对话内容 / 105
表 4-7　YSL星辰口红推文的评论 / 105
表 4-8　广告舆论系统要素 / 120

1 绪论

1.1 广告舆论现象频发与研究的缺失

现代社会是广告社会,人们在广告的包围中生活。广告活动是以塑造或改变公众观点、态度为目的的信息传播活动,与舆论在形态、表现方法、目的、功能等多个角度皆存在一定共性,因而,从展开舆论研究之初,国内外学者就将舆论与广告活动紧密联系在一起。具体来说,广告传播所塑造的消费文化已成为意识形态,既是社会变迁的重要内容,又是社会控制与秩序的实现手段。因此,广告活动日益加强对舆论的利用,通过制造舆论提升广告效果已成为广告行业发展的趋势之一。互联网技术支持下的新的广告传播方式为舆论的形成提供了更为便利和多样化的实现途径,不断衍生出新的舆论现象,这使得广告舆论问题不得不被广告学者与从业者关注。

"广告舆论"并不是一个崭新的议题,杨海军教授指出"广告舆论是指由广告传播引发的公众关于现实社会以及社会中各种现象、问题所表达的一致性信念、态度、意见和情绪表现的总和"。[①] 概念界定是否需要修正尚且不谈,较之其他舆论现象,广告舆论有对舆论内涵外延的发展,但是学者的分析通常将广告与舆论作为两个独立的系统进行研究,广告舆论的观点分散于广告学、舆论学、新闻学的研究之中,尚不成系统,专门的广告舆论的研究更是少之又少。

这就造成了业界与学界的矛盾现状:一方面是广告活动与舆论

---

① 杨海军. 广告舆论传播研究 [D]. 复旦大学,2011.

交叉现象的频发对社会造成较大影响，另一方面是相关研究的分散与缺失。研究的重要性毋庸置疑，如若缺乏相应的研究，将会使得"广告宣传要讲导向"缺乏实际指导，成为只提口号不论操作的空谈。因而，进行广告舆论研究是广告研究与舆论研究深化发展的必然。

1.2 舆论研究的重要性与研究的局限

舆论是"公众关于现实社会以及社会中的各种现象、问题所表达的信念、态度、意见和情绪表现的总和"[①]，是社会中一种普遍的、隐蔽的和强制的力量，在社会生活中起着庞杂的影响作用。在政治层面上，"舆论引导"一直是政府极为重视的工作之一。在经济层面上，舆论可以通过公众心理、政府组织来影响经济发展，甚至可以对经济产生直接的影响。有研究者认为，影响短期经济走势的因素中，也包括经济学家的只言片语。[②] 在社会层面上，信息交流的频率和便捷性大大提高，共同利益体可以超越时间和空间而形成，时刻反映着社会变动。

由于舆论巨大的社会影响力，舆论研究成为多个学科研究的热点，覆盖了社会科学、自然科学，有来自政治管理、新闻传播、物理学、数学等多个学科的知识贡献。但是，现阶段的舆论研究在广度与深度上都存在局限。首先，舆论在社会变动中不断衍生出新的形态，从内容、生成路径到形成模式等方面都不断衍生出巨大的变化。然而，在舆论研究中，新闻舆论、网络舆论、谣言被视为研究的主要舆论形态，学者们缺乏对于其他舆论形态的观照，尤其是缺乏对于广告活动中的舆论现象的解析。其次，在研究方法上，研究者主要采用理论研究而缺乏实证研究。现有的实证研究主要将视野

[①] 陈力丹. 舆论感知周围的精神世界 [M]. 上海：上海交通大学出版社，2003：6.
[②] 张娜. 社会舆论影响模式探析——以现阶段经济发展为例 [J]. 当代传播，2009 (3)：42-44.

集中于可操作性较高的微观要素的考察，宏观性研究的成果较少，已形成的一些舆论分析模型的可操作性较低且缺乏验证。同时，对于舆论的社会功能研究也极为缺乏，学者通常将舆论的社会功能称为舆论功能，对其内涵和外延没有明确的说明，因而人们对舆论的社会功能的认知尚处于感知阶段，而非明确认识。

1.3　广告舆论社会功能的研究现状与存在问题

至今，直接阐释广告舆论社会功能的研究文献数量尚少，学界也没有对广告舆论社会功能的清晰界定，本书只能从研究者们的研究结论中提炼出部分观点。

对广告舆论研究较多的杨海军教授在其博士论文《广告舆论传播研究——基于广告传播及舆论导向的双重视角》中提出，广告舆论的结构性功能有三个，分别是"消费观念的双刃剑""广告主张的传声筒""政治宣传的辅渠道"。从他的论述中，可以明显看出，他对广告舆论的结构性功能的总结基于他对广告舆论类型的区分，优点在于论述中没有仅将注意力放置于功能发挥后正向或是负向的结果表现，而是对功能的客观描述。除此以外，杨海军还认为，在新的时代环境中，广告舆论还有三个创新性功能，分别是"社会矛盾冲突的减压阀""民主政治建设的新元素""社会生活场域的新景观"[1]，并对每一种功能都进行了充分的解析，分别总结了各功能发挥的正、负两方面。

其他学者也不同程度地涉及广告舆论社会功能的研究，尤其是在研究广告学的论著中。基本上，在任何一本广告学教程中，都会有专门的章节来讲解广告的社会功能，其中不乏涉及广告舆论的部分。通过文献的梳理，笔者发现，研究者们认为广告舆论社会功能

---

[1] 杨海军. 广告舆论传播研究——基于广告传播及舆论导向的双重视角［D］. 复旦大学，2011.

主要表现为以下几个方面。

（1）信息告知功能

最初的广告是作为一种商业推销的工具诞生的。在卖方市场，广告的任务就是告知新商品与新卖方的出现，实质上是一种信息告知行为，以丰富消费者的选择空间。同时，这种功能不断延伸，如商业性的"申奥"或"奥运"广告，其告知的不仅是商业信息，广告舆论形成的同时也为公共信息的传播提供了更为多元化的选择。

（2）刺激消费功能

即便广告内容与策略存在差异，但广告的终极目的在于刺激消费。马尔库塞在《单向度的人》一书中指出，广告对受众进行消费控制。[1] 虽然这样的描述将受众置于对广告信息无法抵御和判断的位置，现在看来该说法过于偏激，却可以体现出广告舆论对受众消费行为的影响巨大。广告在传播信息的同时，会极力输出某种意识，这种意识主要作用于受众的心理欲望，可以引导消费或非消费的行为与生活观念。[2]

（3）提高信赖功能

广告舆论在提升企业竞争优势方面作用明显，成为一种重要的企业竞争手段。通过广告重复暴露，广告舆论提升了受众对商品、服务、品牌的亲近感，进而提升信任。在商品极其丰富的情况下，消费者需要通过广告认识商品或品牌。尤其是在趋于饱和的细分市场，广告主需要以广告为途径，不间断地、全方位地加深消费者对商品或品牌的印象。因为受众对不做广告的商品与品牌常感到一种由"无知"引起的恐惧感。而广告舆论是在受众心目中对商品、服务、品牌的权威表达，因此有利于提升受众的信赖感。

（4）传播文化功能

一方面，广告舆论可以传播文化与知识，如"出行避让救护车"

---

[1] 〔美〕赫伯特·马尔库塞. 单向度的人 [M]. 刘继, 译. 上海：上海译文出版社, 2008：6.

[2] 袁愈宗. 都市时尚审美文化研究 [M]. 北京：人民日报出版社, 2014：65.

"尊老爱幼"等生活常识被作为广告内容,同商品与品牌一同被呈现。即便广告对文化与知识的介绍缺乏系统性,但可以一定程度上增长人们的见识。① 同时,广告舆论创造文化与流行,这种文化主要体现在消费文化上。这是因为商业广告是广告行业的主要生产内容,广告主投入大量精力开拓市场,推动消费时尚,倡导新的生活方式。

(5) 规范社会功能

传播学家麦克卢汉曾这样评价广告,"广告的作用与洗脑的程序完全一致"。② 虽然其表述的主旨在于揭示广告达成效果的原理,但也能体现出广告舆论强大的宣传教育功能,表达了研究者对其规范社会功能的忧虑。美国学者大卫·波特也在《富足的人民》中指出,广告是能够进行社会调控的形式之一,可以支配媒体与创造流行,并评价其对社会的影响可与传统制度匹敌。一方面,广告可以对社会准则进行宣传与维护,对社会行为起规范作用;③ 另一方面,最具规范社会功能的当属公益广告,公益广告可以潜移默化地影响受众的思想观念,为弘扬时代主旋律做出贡献。④

(6) 影响媒介舆论导向功能

不少研究者将广告视为媒介内容的一部分,因而主张广告内容也需要坚持正确的舆论导向,否则将给媒介舆论导向带来负面影响。在分析广告中的舆论导向时,研究者认为广告包含宰制意识形态⑤,会与主流政治意识形态出现碰撞。⑥ 这种观点在广告实践中得到了印证,谈及大众的广告态度意识,广告常与带有商业意图的操纵、

---

① 刘绍庭. 广告运作策略 [M]. 上海:复旦大学出版社,2009:16.
② 〔加〕马歇尔·麦克卢汉. 理解媒介——论人的延伸 [M]. 何道宽,译. 北京:商务印书馆,2000:282.
③ 刘绍庭. 广告运作策略 [M]. 上海:复旦大学出版社,2009:15.
④ 张建设、边卓、王勇等主编. 广告学概论 [M]. 北京:北京大学出版社,2012:15.
⑤ 叶蔚春. 权力控制与大众抵抗——广告的双重意识形态解读 [J]. 当代传播,2016 (1):91.
⑥ 黄升民、陈素白. 社会意识的表皮与深层——中国受众广告态度意识考察 [J]. 现代传播(中国传媒大学学报),2006 (2):25.

误导、欺骗相联系。① 因此，研究者在论述该功能时，主张市场化发展后，传媒的形态职能不能改变，并告诫媒体人切莫忽略报纸不可替代的舆论监督的工具属性以及将社会效益置于首位的最高原则。② 基于"功能"的探讨，学者们的论述可以归纳为三种不同的广告舆论功能观。

第一种观点认为，功能是个人或组织基于自身利益所期望广告舆论发挥的作用，带有明显的目的性。这是因为他们认为广告就是舆论，广告本身就是带有功利性的传播活动。如，有研究者认为广告的舆论功能之所以被提及，是由于经营者对于广告信息传递的工具性认知已过时，不能满足动态市场环境的需求。③

第二种观点认为，功能是广告舆论在传播过程中产生的实际效果，这种判断源于评判者的主观意向。相关研究中没有明确对这种功能观进行说明，但是从他们对功能的判断中可以发现这种观点的存在。如，刘智勇认为"广告舆论是一种消费舆论，是广告主借助一定的媒介传播商品和服务的评价性意见"。④ 部分学者即使没有完全将两者等同，也认为广告传播是引发和制造消费舆论的关键路径，这实际上就是基于广告舆论的实际效果得出的功能结论。

第三种观点认为，功能是指广告在社会互动的过程中发挥出的作用，带有客观描述的意味。如，杨海军指出："广告舆论的结构性功能，指的是广告舆论系统中各利益相关体之间以及系统与社会环境之间的关系。"⑤

现阶段，广告舆论社会功能研究的数量不多，已有研究中存在

---

① 黄升民，陈素白. 社会意识的表皮与深层——中国受众广告态度意识考察 [J]. 现代传播（中国传媒大学学报），2006（2）：25.
② 田玉棉. 反对拜金主义禁止"有偿新闻" [J]. 新疆新闻界，1993（5）：10.
③ 张金海，饶德江，刘珍. 略论广告的舆论引导功能 [J]. 新闻与传播评论，2001（0）：101 - 102.
④ 刘智勇. 论新闻舆论与广告舆论的互动——兼析九·二一大地震期间台湾报纸广告的特点 [J]. 国际新闻界，2000（3）：70.
⑤ 杨海军. 广告舆论传播研究 [D]. 复旦大学，2011：197.

一些问题。

(1) 对主、客体的模糊化处理

首先,研究时存在对于研究主体的不确定性。杨海军的博士学位论文是现阶段关于广告舆论社会功能的研究中最为扎实的一项成果。遗憾的是,他在研究中没有将广告舆论进行整体性的功能研究,而是将研究的对象分为商业广告、政治广告、公益广告三个类别,因而得出的结论不能算是广告舆论的共性功能,是对主体进行细分后的研究。而其他研究者在进行广告舆论社会功能的阐释时,聚焦的目标通常不是广告舆论而是广告本身,从广告系统作用于社会的过程中寻找广告舆论发生影响的影子。

其次,对于广告舆论社会功能研究的客体而言,也存在边界不清晰之处。对应的问题是,广告舆论作用的对象到底是谁。这种表现在与之紧密相关的广告的功能研究中体现得更为明显,如有学者指出广告的经济功能是主体功能,与之相对应,存在文化功能、社会功能和艺术功能三种扩展性功能[1],这种说法将文化、艺术等单列于社会功能之外,却没有明确地说明前两个功能的客体到底与社会功能有何差异。也有部分学者将广告的经济功能归为社会功能之列[2],还有一些研究者将社会沟通功能与营销促进功能分列[3]。这些功能的发挥针对的客体存在交叠与划分不清之处。

对主、客体的模糊化处理使得社会功能作为一个意会的概念广泛地存在于研究之中,因而限定了研究的价值。研究对象的交叠造成的研究内容不清晰,也使得后人对研究者们的研究成果进行学习与继承的过程变得困难。

(2) 容易陷入目的论的陷阱

上文对广告舆论社会功能研究的总结发现,一种功能观认为,功能是个人或组织基于自身利益所期望广告舆论发挥的作用,带有

---

[1] 陈秋萍. 简论广告扩展性功能 [J]. 桂海论丛, 2003 (1): 87.
[2] 秦克凤. 论广告的经济社会功能 [J]. 经济论坛, 2012 (8): 135.
[3] 颜景毅. 广告学 [M]. 郑州: 郑州大学出版社, 2005: 5.

明显的目的性。因而，广告舆论的社会功能源于广告目标，源于广告对于刺激消费、提高信赖等的需要。这种观点带着目的论的哲学思想，将社会功能与价值概念混为一谈。

目的论是将因果关系中的"因"视为其他事物的福祉，受到目的论影响，这种社会功能研究无可避免地将广告传播行为上的"因"视为广告舆论的社会功能。然而，并非所有的广告传播均会引发广告舆论的产生，广告舆论的产生存在不确定性与多变性。因而，将主观的行为的"因"视为功能，是缺乏科学性的。同时，这种认知也会使因果变得混乱。因为，这种观念暗示的是广告舆论的功能导致了迎合功能存在的结构，那么作为结果的结构又是如何使作为原因的功能发生的呢？最后，有益的现象并非一定产生，因而有目的的"因"无法被用于解释非有益的现象。

我们可以从社会学中的功能研究演化看到，目的论对于功能研究的误导在功能主义理论发展的早期即被认知，以涂尔干为代表的研究者极力避免目的论带来的因果矛盾，人类学家也为避免目的论的影响，在进行分析时强调了维持系统存在的必要条件，帕森斯的 AGIL 模型[1]也有此意。因此，这种功能观存在非常大的弊端。

（3）对社会功能的判断存在主、客观的杂糅

另外两种广告舆论社会功能研究的观点对于功能是客观的还是主观的存在意见不一致的情况。一种认为功能是广告舆论在传播过程中产生的实际效果，一种认为功能是指广告舆论在社会互动的过程中发挥出的作用。并且，两种观点的使用甚至被放置在一个单独的研究中。如任倩影在研究广告社会功能时涉及了广告舆论的内容，她依据帕森斯的结构功能理论进行功能研究，选择了一种对社会功能进行客观判断的路径，她首先以 AGIL 模型分析了广告系统的构

---

[1] AGIL 模型是美国哈佛大学社会学教授帕森斯提出的。他指出，任何社会系统必须满足四种基本功能，即适应（Adaptation）、目标达成（Goal Attainment）、整合（Integration）、潜在模式维持（Latency Pattern Maintenance），这四种功能的英文单词的首字母组合成 AGIL。

成，采用 AGIL 模型分析广告社会功能是一种从宏大视角进行的功能研究，强调客观事实，认为功能发挥即为正功能。但是在功能的结论部分，得出了"社会服务""提升人民生活品质""繁荣社会文化生活和体育事业""有助于公益事业的发展""形成独特的广告文化"的结论。[①] "有助""提升""繁荣"等词语实际上是以社会功能在发挥的过程中结合社会现实情况所导致的主观的正向效果替代了客观的功能判断本身，将功能与效果混淆。但实际上，如形成独特的广告文化等功能，在传播学、广告学中，也可以以"效果"一词概括，那么功能研究与效果研究的区别在哪里？功能研究的意义又为何？

从社会学中的功能研究来看，帕森斯和默顿均给出了对功能进行正、负划分的客观的判断依据，如功能发挥与否，功能是促进系统整合或是促使系统破裂等具体依据。进行功能判断不应结合功能在社会中的具体表现，更不能把主、客观混淆。

综上所述，从早期的传播学功能分析中我们就可以看到既往的功能观对社会学的重视：一般而言，传播学研究中，除非特别指明，功能研究的客体均为社会。著名的研究成果中有来自社会学家的贡献，例如，产生了重大影响的美国社会学家赖特提出的四功能说：环境监视功能、解释与规定功能、社会化功能、提供娱乐功能。[②] 很显然，在广告舆论社会功能研究发展的过程中，不少研究者淡化了既有传播学功能研究对功能主、客体的交代，每位研究者都有自己的解释，功能却被当作通用的概念在学术论文中被使用，实际上是不严谨的。虽然他们的研究成果可以服务于特定的研究问题与目的，但是研究中少有对于社会学关于功能研究后续演化的理论与成果的应用，存在这样或那样的缺憾。

那么，广告舆论的社会功能是什么？广告舆论社会功能的作用

---

① 任倩影. 从帕森斯的功能分析模式看广告社会功能的行使与异化 [J]. 宜宾学院学报, 2006 (5): 82-83.
② 李彬. 大众传播学（修订版）[M]. 北京：清华大学出版社, 2009: 119.

机制是怎样的？广告舆论社会功能的发挥过程是怎样的？我们应该提出怎样的引导策略？

本书选择广告舆论的社会功能作为研究对象，研究内容围绕上述四个问题展开。为回答这些问题，本书采用归纳演绎法、案例分析法，对广告舆论及其社会功能的本质内涵进行界定，以明确研究的边界，夯实研究基础；对分析范式进行探求与确立，以进行规范的广告舆论社会功能研究；对社会功能进行详细的分析，以为实现社会控制、抑制广告舆论负功能的发挥、进行有效的舆论引导提供依据与策略。

2　广告舆论及其社会功能的本质内涵

2.1　广告舆论的本质内涵

2.1.1　难以统一的概念：舆论

舆论无论在西方或在中国都有着颠覆、更新的发展历史，并在不同的社会、学术背景之下产生了不同的发展。理解相关知识发展的内在逻辑是进行任何相关研究的基础，因此，我们需要对现有研究进行梳理，并在此基础之上确立舆论的内涵和外延，才有开辟新的研究路径的可能。

(1) 早期舆论概念的变化

社会舆论、公众舆论、舆论等表述，在英语、法语、德语中基本指向相同，只是在不同时期和不同内容的研究中出现混杂使用的现象，所以本书将统一使用"舆论"这一表述。

在西方，古希腊的哲学家质疑了舆论的正确性，认为它只是对于无常变化的判断。早期的舆论思想带有等级和阶级色彩，甚至一度被认为包含贬义。在中国，关于舆论的论述可以追溯到古代先秦时期，主要有"庶人之议""国人之议""舆人之议"[1] 三种不同的称法。纵观古代舆论的思想，可以发现舆论的主体只是能参与国事的群体。

具有一定现代意义的舆论概念起源于1762年卢梭（Jean－Jac-

---

[1]　刘春波. 舆论引导论［D］. 武汉大学，2013.

ques Rousseau)的《社会契约论》。资产阶级革命兴起后,"舆论被视为民主政权合法性的唯一来源"。① 此后,舆论发展成为一个独立的概念,具有社会性,是人民权利的象征。近代中国的舆论思想长时期受到统治阶层的影响,有识群体考虑的是舆论如何有助于国家的繁荣昌盛。东西方的概念差异源于"舆论概念的发展并不取决于思想家们的哲学思辨和逻辑推演,而取决于社会发展本身"。②

(2)现代舆论概念之争

现代舆论的概念在世界范围内尚没有达成统一,还有许多待解决的问题。李普曼(Walter Lippmann)1922年出版的《舆论学》标志着舆论学的形成。他在书中提出了"公共舆论"的概念,与此同时,他提出了"固定成见""拟态环境""民意"等重要的相关概念和"议程设置"的基本想法,成为舆论学的基本原理。但是,自始至终,李普曼都没有给舆论下一个明确的定义,并在《公众舆论》这一著作中表示:"世界太大,我们面对的情况太复杂,我们得到的信息又太少,因此舆论的绝大部分就必定会产生于想象。"③ 随后,不同领域的学者对舆论的概念进行界定,并产生诸多分歧(见表2-1)。

表2-1 国外研究中的舆论概念

年份	学者	概念
1962	哈贝马斯	有判断能力的公众所从事的批判活动
1974	伊丽莎白·诺尔-诺依曼	对有争议的问题,在没有孤立危险的前提下可以公开表明的意见
1977	《不列颠百科全书》	舆论是社会中相当数量的人对于一个特定话题所表达的个人观点、态度和信念的集合体
1982	罗杰·史克鲁顿	公众舆论不是多数人的意见,而是在公共领域里活跃的意见

---

① 李忠伟. 当代中国国家舆论安全研究[D]. 西南财经大学,2014.
② 许静. 舆论研究:从思辨到实证[J]. 国际新闻界,2009(10):6-10.
③ 〔美〕沃尔特·李普曼. 公众舆论[M]. 阎克文,江红,译. 上海:上海世纪出版集团,2006:51.

在我国，现代舆论学研究开始于20世纪末。受到20世纪末推动民主政治发展的影响，舆论学研究在发展之初就有着较强的政治建设期许，舆论变成实现民主政治的一种方式，即在规避统治精英掌控政治的弊端下，实现公众的有效参与。这是对国外舆论研究的沿袭，也有基于中国国情的探索。继而舆论学的研究开始涌现，学者们对舆论的界定也有不同（见表2-2）。

表2-2 国内研究中的舆论概念

年份	学者	概念
1989	孟小平	舆论是公众对其关心的人物、事件、现象、问题和观念的信念、态度和意见的总和
1993	喻国明	舆论是社会或社会群体中对近期发生的、为人们普遍关心的某一争议的社会问题的共同意见
1999	陈力丹	关于现实社会以及社会中的各种现象、问题所表达的信念、态度、意见和情绪表现的总和
2003	程世寿	社会公众对于公共事务的议论通过公共论坛的扩散而形成的公共意见，它是民意和众意的反映，是人民精神、愿望和意志的总和
2009	刘建明	狭义上舆论即在一定社会范围内，消除个人意见差异、反映社会知觉的多数人对社会问题形成的共同意见。广义上的概念是指社会上同时存在的多种意见，各种意见的总和或纷争称作舆论
2012	李衍玲	舆论是指公众的意见，是社会上许多人的共同或可达到一致的意见

国内外学者们的分歧主要有以下两点：第一，舆论到底是公众舆论还是公共舆论？第二，舆论是意见的集合还是多数人的意见？

a. 公共舆论或公众舆论

对于舆论代表"公意"或"众意"的争议从卢梭开始，分别代表了"公共舆论"和"公众舆论"的两种思想。公共舆论着眼于公共利益，而公众舆论代表私利和个别意志。[①] 关于此争议，主要反映

---

① 卢梭. 社会契约论 [M]. 何兆武译，北京：商务印书馆，2003：35.

的是学者们对舆论主体的探讨。舆论学的奠基人李普曼和哲学家杜威（John Dewey）在舆论主体的理性探讨上投入了不少精力。德国的批判学派代表人哈贝马斯（Jürgen Habermas）则强调，有判断能力的公众才是舆论的主体。还有学者将"公众"与"合众"、"大众"的相似概念进行区分，认为需要按照群体是否具有"批判性"和"情绪化"[①]来判断。

b. 意见集合或多数人的意见

该争论实际上体现的是对舆论要素的探讨，学者在强调结果的同时，仍考虑了形成因素。一部分学者认为舆论是多数人的意见，如学者李衍玲在研究中强调了"合理多数人"[②]的概念，即"多数人"的确切数量由舆论的性质、社会条件决定，足以引起社会关注即可。在《沉默的螺旋》一书中，伊丽莎白·诺尔－诺依曼（Elisabeth Noelle-Neumann）通过关注公众心理提出沉默的螺旋理论，强调了舆论产生的背景，即在"没有孤立危险的前提下"。这符合了许多心理学家以"从众"这一心理现象为切入点，认为舆论是一种无形的精神压力，能使独立的个人失去独立的精神人格的观点。这说明，通过舆论数量来评判舆论本体是容易失真的。

《不列颠百科全书》中的描述影响了较多后来学者，书中指出，舆论的本体是"个人观点、态度和信念的集合体"[③]。与之相似的有我国的刘建明教授，他认为舆论是"消除个人意见差异、反映社会知觉的多数人对社会问题形成的共同意见"[④]，即强调舆论是在意见交流互动的过程中逐渐形成的大多数人认同的意见。也有学者更细致地进行了描述，"舆论是一种社会群体意识的反映"[⑤]，是介于社会整体意识与个人意识的中间部分，是意识的意志性表现。

---

① Park，R E. The Crowd and the Public and Other Essays [M]. Chicago：University of Chicago Press，1972：80.
② 李衍玲. 舆论学精要 [M]. 北京：中国社会科学出版社，2012：50.
③ 不列颠百科全书（国际中文版）[M]. 北京：中国大百科全书出版社，1999，14：2.
④ 刘建明. 基础典论学 [M]. 北京：中国人民大学出版社，1988：11.
⑤ 程世寿. 公共舆论学 [M]. 武汉：华中科技大学出版社，2003：70.

（3）有待追问的三个问题

知识的生产受到社会制约因素的影响，也与阶层利益间存在互动，在影响与互动过程中逐渐演化。综上所述，结合传统舆论研究中的舆论观点，对于广告舆论，有以下几个问题需要保留，亟待通过更多思想的交流碰撞与结合广告活动现实来解答。

a. 广告舆论是否保留政治意图的背景？

现代舆论学研究跨越了早期学者对舆论代表"众意"还是"公意"等分歧，普遍认为舆论是民主政权合法性的唯一来源，具有社会性。因而舆论被置于带有政治背景的公共利益的思考之下，考虑社会效益的新闻舆论、政治舆论成为研究的主要内容，但这种研究取向并没有解决其他舆论形式的存在与舆论研究之间的矛盾。

b. 广告舆论是意见的集合还是一致性的意见？

针对舆论概念的分歧，在主体问题上，我国学者们普遍认同舆论的主体是公众，然而对公众的划分仍存疑。对于舆论的客体，学者们在舆论的本体表述上存在两种明显的方向，"意见的集合"和"一致性的意见"，这分别代表了学者们注重"过程"或是"结果"的倾向。这些分歧多少年来并没有停止，是学者们在分析不同问题时采用不同取向的结果。

c. 广告舆论是以何种方式划分的舆论类型？

对于广告舆论概念存在的必要性，也需要以舆论类型的划分为依据。舆论研究中较常涉及新闻舆论与网络舆论两种类型，新闻舆论是基于新闻的定义与新闻活动的双重考虑而得出的概念界定，是一种由舆论呈现媒介命名的舆论类型。网络舆论是基于网络媒介的特殊性与舆论本质的双重考虑而得出的概念界定，是一种由舆论形成与表达空间而命名的舆论类型。但是无论是新闻舆论还是网络舆论，它们的界定来源于舆论表达的媒介。这种划分依据是否适用于广告舆论，有待进一步探索。是否可以将广告理解为一种新的舆论呈现方式，仍需进一步结合广告活动中存在的舆论现象来得出结论。

2.1.2 现有广告研究中的舆论思想

对于广告舆论研究，首先要明晰的是广告舆论的内涵。从国内外学者展开舆论研究之初，舆论就与广告活动紧密联系在一起。但是广告舆论的概念较新，没有被广泛关注。纵观广告舆论思想，主要存在以下三个问题：首先，我国的学者在进行研究时通常把"广告舆论"当作一个既有的概念，认为有一些成形的广告舆论界定存在，却往往忽略了现有广告舆论概念界定中存在的问题；其次，广告舆论思想通常并不明确，而是以分散的观点隐藏于相关研究中，含混的研究对象无法形成科学的研究内容，因而，需要对现有的广告研究中的舆论思想进行整理；最后，在进行界定前，不能婉转照搬既有思想，需要对前人研究进行反思与扬弃，为给出清晰合理的定义打下基础。

（1）广告评价说

即便这种广告舆论思想并不常见，但在广泛的阅读中，可以发现部分学者持有广告舆论是受众对于广告的评价的看法。

如，日本的真锅一史在《广告社会学》中分析《朝日新闻》上读者来信时提到广告舆论，间接地表现出其对广告舆论的认知是人们对于广告的反应。陈爱国、苏静在论述广告的社会监督机构时提出其也对广告舆论进行监督，在论述中可以看出，其所指的广告舆论是消费者对广告活动中存在问题的观点和意见。[1]

这种对于广告舆论的理解与分类的依据是舆论的内容，如同政治舆论、经济舆论、文化舆论、军事舆论等概念，其实质是将舆论的差异性按照内容所涉及的领域进行划分，是对舆论客体的一种明示，那么广告舆论是否可以通过对客体边界的界定来确定内涵外延？并且，这种观念直接将广告舆论的客体限定为广告内容本身，是否可以囊括所有广告活动中的舆论现象？这两个疑问，皆有待考察。

---

[1] 陈爱国，苏静．广告原理与实务［M］．上海：上海财经大学出版社，2014.

(2) 消费舆论说

在涉及广告舆论的研究中，我国不少学者将广告舆论等同于消费舆论。这种观点的逻辑起点，在于有学者认为广告包含"宰制意识形态"①，更会引导消费倾向与思维模式。当下，我国正处于迈入消费社会的转型时期，由于地区发展差异，各种纷繁复杂的消费文化并存。在这个背景下，黄升民，陈素白发现，广告代表的消费意识在现实生活中已经与主流意识形态发生冲突，广告控制了产品的文化意义。② 因而，广告的意识形态问题受到重视，突出表现为涉及消费的领域，与广告相关的舆论内容多涉及消费观点。

刘智勇在《论新闻舆论与广告舆论的互动》一文中，首先给广告舆论作出界定，认为"广告舆论是一种消费舆论，是广告主借助一定的媒介传播商品和服务的评价性意见"。部分学者即使没有完全将两者等同，也认为广告传播是引发和制造消费舆论的关键路径，消费舆论的制造是广告舆论的主要任务。

同上，消费舆论说的提出仍是从广告舆论的客体出发，与广告评价说不同，这种观点将客体限定为消费观点与行为，需要结合舆论的内涵进行重新考虑。

(3) 代表舆论说

这种广告舆论思想广泛地分布于消费文化的研究中。研究者认为广告可以通过代表舆论，在传播中促使公众对广告内容形成认可态度。这种表现可分为"拟态"与"镜像"两种情况。

法国哲学家让·鲍德里亚早就指出，广告"伪造了一种消费总体性"。③ 在传统媒介时代，广告往往是由大众媒体进行传播，在瞬间达成最广泛的受众对于广告内容的认知。并且，借助于媒体的公

---

① 叶蔚春. 权力控制与大众抵抗——广告的双重意识形态解读 [J]. 当代传播，2016 (1)：89 - 91.
② 黄升民，陈素白. 社会意识的表皮与深层——中国受众广告态度意识考察 [J]. 现代传播（中国传媒大学学报），2006 (2)：20 - 26.
③ 〔法〕让·鲍德里亚. 消费社会 [M]. 南京：南京大学出版社，2008：116.

信力,广告的受众认同度较高。广告中对产品或服务的好评和对于产品、品牌选择偏好等信息在大众媒体传播下,被塑造成广泛的消费倾向。对于该现象产生的原因,主要是人们的思维方式往往受到舆论的控制。因此,当广告信息被塑造为逼近现实舆论时,则可发挥出最大功效。

学者何辉在研究广告消费文化时提出了广告的"镜像功能",即广告可以反映当下社会意识形态和消费文化。① 这种"镜像"与社会现实的互动关系是产生广告负面效应的直接原因,也是广告传播代表舆论的动力。人们通常将以信息传播为己任的广告作为舆论的传播载体,即广告将舆论裹挟在内容之中,以博得关注、获取偏爱,这是舆论传播最可靠的方式之一。学者洞察到这种现象在广告传播活动中愈演愈烈的现状,提出了广告舆论化的概念,"是在新媒体时代出现的广告新现象,这是一种意图把广告植入进舆论中,消解广告与舆论之间界限,从而借舆论强大的传播力量"。②

在上述思想中,可以观察到,广告不仅可以代表舆论,也在利用舆论,两者具有双向促进的作用,是对广告之所以与舆论联系紧密的最佳说明。

(4) 引导舆论说

"引导舆论是从公众已有的意见形态中选择一种正确的,主要以循序渐进的、无形的方式进行。"③ 铺天盖地的广告传播将受众置于被一种意识形态所包围的状态之中,是这种广告舆论思想的现实依据。

将广告作为引导舆论手段的探讨集中见于第二次世界大战后,小山荣三在撰写《宣传技术论》课题时,就借用了 R. 扎易菲尔特《普通广告学》中的宣传过程,来研究人为形成舆论的手段。国外学术界在探讨广告与舆论关系时,主要分析广告对受众态度的影响,

---

① 何辉."镜像"与现实——广告与中国社会消费文化的变迁以及有关现象与问题 [J]. 现代传播(中国传媒大学学报),2001(3):108–113.
② 黄国升. 当代广告舆论化现象研究 [D]. 福建师范大学,2011.
③ 胡钰. 新闻与舆论 [M]. 北京:中国广播电视出版社,2001:219.

建立了广告影响人类意见的动力演化模型，探讨在特定背景下（如转型经济中）广告对受众的舆论影响，还有从宏观角度探讨广告修辞与舆论的关系。从经济视角来看，现代广告的"说服"本质得以实现的途径就是引导舆论。另一种对广告引导舆论的理解起始于体验经济时代的到来，在时代背景下，消费者的主导地位日益突出，他们对生产商品或提供服务的企业提出了更高的要求，即注重体验与互动。广告对舆论的引导表现为广告通过高质量的互动进行变相的引导，使消费者自发形成观点、偏向，进而汇聚成舆论。[①] 冯雅颖在分析微博广告的社会影响时指出，新媒体所创造的话语空间给舆论提供了"场域"，消费者的分流使广告主更加注重新媒体特性，在沟通中实现说服，在互动中赢得关注……广告舆论渗透到个体的认知过程中。[②]

从批判的角度来看，我国的新闻传播学研究者以及实务工作者对广告呈现消极态度，主要由于广告活动中出现虚假、违法、炫富现象，部分广告内容甚至包含诱发社会不稳定的因素。这种忧虑背后体现的是广告对媒介引导消费舆论造成的困扰。同时，这些成果也在变相地肯定广告对舆论的引导作用。

（5）控制舆论说

传播学家麦克卢汉曾这样评价广告，广告的作用与洗脑的程序完全一致，指出洗脑是对于无意识的一种猛攻，而该原理就是广告作用达成的原因。[③]

广告代表的是广告主的利益和需求，广告内容是经过建构和结构化处理的信息，广告发布需接受广告媒体的审查，因而广告传播体现了广告主、广告经营管理者、广告媒体三重制约，不免掺杂以

---

① 林凯. 社会话题与广告传播舆论化刍议 [J]. 宜春学院学报，2011（6）：100-102.

② 冯雅颖. 微博中广告舆论的生成路径及社会影响——以新浪微博为例 [J]. 东南传播，2015（6）：128-131.

③ 〔加〕马歇尔·麦克卢汉. 理解媒介——论人的延伸 [M]. 何道宽，译. 北京：商务印书馆，2000.

上三方的价值判断、广告创意及表达方法、媒介法律制度等因素。但是，广告对舆论的控制可以体现于媒介对舆论的控制，尤其是新闻媒介。由于媒介的二元市场特征，在以广告模式为主的商业模式带动下，"在同一媒体上，新闻舆论和广告舆论是作为一个整体来发表意见的"①。作为媒介市场的另一主角的消费者，同样处于被控制地位。广告的势能理论指出"广告信息的传播方向始终是由强势的广告主流向弱势的广告对象"②，马尔库塞在书中指出，广告会对受众进行一种"消费控制"③。这样的说法可能不太准确，因其将受众描绘成完全无法判断与抵御广告舆论的形象，但这种说法却可提醒大众注意广告在消费舆论中的强势影响。

这种控制力也常被运用于政治事务，威利·缪才恩贝克在《作为武器的宣传》中对希特勒的宣传进行评价，其将这种"政治性的广告"发展成巨大的艺术手段的系统。④ 公益广告也体现了这种控制力，诺曼·道格拉斯说："从广告可以看出一个国家的理想。"⑤

2.1.3 现有广告舆论研究的思想

随着社会的发展，学者们对于广告舆论的认知逐渐丰富，广告舆论的概念不断清晰化。张金海教授认为广告舆论与其他舆论的不同之处在于它不是对社会舆论的反映，而是创造、引导、控制舆论。⑥ 广告舆论研究发展的根本原因在于早期对于广告的信息传递的工具性认知已不能满足动态市场环境的需求，并且明确指出了其定

---

① 刘智勇. 论新闻舆论与广告舆论的互动——兼析九·二一大地震期间台湾报纸广告的特点 [J]. 国际新闻界，2000（3）：70.
② 杨海军. "势能理论"与广告传播中的社会问题探析 [J]. 新闻与传播研究，2006（2）：46.
③ 〔美〕赫伯特·马尔库塞. 单向度的人——发达工业社会意识形态研究 [M]. 刘继，译. 上海：上海译文出版社，1989：6.
④ 赵金庆. 广告与泛文化社会 [J]. 中国青年研究，1995（3）：94-97.
⑤ 王志. 广告文案 [M]. 武汉：华中科技大学出版社，2014：283.
⑥ 张金海，饶德江，刘珍. 略论广告的舆论引导功能 [J]. 新闻与传播评论，2001，（00）：100-106.

义中的广告是大广告的概念,将商业广告、非商业广告均包含其中。

于是,不少学者转换认知,放弃从舆论客体的角度入手研究广告舆论,开始着手从广告传播的角度进行概念界定,着重关照广告舆论的形成过程。由此,广告舆论研究开始向着独立的研究领域发展。从舆论形成的角度来看,以广告传播视角来进行舆论的概念界定具有充分依据,"传播是舆论形成的渠道……大众传播形成阶级舆论和公共舆论"①,所以,广告传播也是引发和制造舆论的渠道。

学者于晓娟认为:"广告舆论是广告发布者为了达成某个目标,通过大众媒介向具有一定规模的目标受众传播被标准化的、大批量生产出来的具有某种导向性的强势性意见,形成舆论表象,并在受众参与互动的基础上,引导或形成受众意见。"② 其界定体现了她对于广告舆论的三方面思考:一是描述了广告舆论的形成过程;二是强调了广告舆论的导向是为了达成广告主的目的;三是在传播过程中存在塑造舆论表象、引导的步骤。

杨海军教授同样采用广告传播的视角,借鉴舆论的概念界定,形成了现阶段最为清晰的对广告舆论的概念界定:"广告舆论是指由广告传播引发的公众关于现实社会以及社会中各种现象、问题所表达的一致性信念、态度、意见和情绪表现的总和"。③ 他在《公益广告舆论流变及社会影响力探析》一文中,又将广告舆论按照广告类别与舆论关照领域进行细分,提出了公益广告舆论的概念。此后,由程曼丽、乔云霞主编的《新闻传播学词典》将广告舆论一词进行收录。

2.1.4 广告舆论的主要特征及其本质内涵

(1) 广告舆论的特征

对于广告舆论特征的解析对应了前文对传统舆论研究中保留问题的回答。

---

① 张隆栋. 大众传播学总论 [M]. 北京:中国人民大学出版社,1993:192-203.
② 于晓娟. 广告舆论传播研究 [D]. 河南大学,2010:10.
③ 杨海军. 广告舆论传播研究 [D]. 复旦大学,2011:53.

a. 广告舆论是基于共同利益的产物

广告舆论并非一定带有政治意图。如上述思想中，对于广告的评价与消费舆论的说法，均表明广告活动中的舆论现象已超越既往舆论研究中设定的边界，扩展了舆论的内涵。

部分广告舆论具有一定程度的公众性。事实上，如上文所述的引导舆论说、控制舆论说均一定程度地忽视了舆论的公共性，李普曼也多次证明与强调"在很大程度上，公共利益与舆论根本无法一致。并且，公共利益只能有一个特殊阶级来管理"。① 对于面向广大受众的广告活动，通常缺乏强有力的管理力量。因为，在广告环境下，这种思考是否具有李普曼与杜威所探讨的"理性"、哈贝马斯提出的"判断能力"、帕克所述的"批判性"等内在要求变得不再明显，互联网技术造就了人类历史上参与意见交换人数最多的公共平台，解构与重构了前人研究中舆论得以形成的基本条件，使得参与意见交换的人群成分复杂多样。但是，也不能缺乏对于舆论公共性的强调。学者们较多认同"公共性"是舆论的核心内涵，如将舆论仅视为模糊的意见判断，则舆论的意义将变得空洞。缺失了公共性，将使得舆论偏离原本的意义轨道，成为假冒公共利益的私人消遣或利益集团的舞台、街头巷尾的杂谈议论，模糊舆论的边界。具有公共性的广告舆论仍然存在，以公益广告为代表的一些广告传播也在强调广告信息之于整个社会效益的发挥，为建设社会主义和谐社会贡献力量，切实践行社会主义核心价值观。

因此，无论是"公共性"还是"公众性"，均无法准确地对广告舆论的意义进行描述。广告舆论作为一种群体性意见，无论是注重形成过程的意见集合式的理解，或是强调结果的一致性意见式的观点，无论参与人群的特征为何，不会改变的是群体性意见得以实现的根本是对于共同利益的各方妥协。所以，广告舆论是主体基于其共同利益的思考的产物。

---

① 纪忠慧. 美国舆论管理的理论动向 [J]. 南京社会科学，2010 (8)：98.

b. 广告舆论是整合性意见

因为广告舆论是以形成过程来讨论的舆论类型，所以从传播角度对广告舆论进行界定显然是更为合适的。广告本质上就是一种传播行为，以传播视角进行广告舆论观察，可以囊括广告活动的整个过程。观察现阶段的广告传播活动，互联网技术的发展使得广告活动中存在人群间、人群与广告互动的过程，广告舆论作为互动的结果出现，意见的互动是广告舆论形成的特征。所以，对于舆论本体，较之多数人意见的结果视角，意见集合的视角能够更好地描述舆论的形成过程，应成为这个概念界定被采纳的取向。

具体来说，舆论存在一个"个人意见—意见汇聚—意见整合—舆论"的发展变化流程。首先，即便广告主的全部行为在于达成大众对广告信息的完全认同，也只能是期望与努力方向，最终形成的广告舆论不可能是大众对广告信息的一致性意见，更不可能是对广告信息的完全认同，甚至可能出现两种不完全一致的广告舆论共同存在的情况，所以多数人意见的提法无法反映广告舆论的现实情况。其次，在广告传播过程中，广告主为促成共同意见的形成，会极力满足大众的互动需求，时刻保持与大众的沟通，存在沟通互动与引导的过程，因而广告舆论一定程度上也是被制造的共识。另外，意见是态度的表达，"态度是人们对一定对象较一贯、较固定的综合性心理反应倾向"。[①] 所以，意见作为态度的表达，就是对内隐或外显的态度的言语反应。两者有细微的区别，态度具有感情色彩，意见带有认知色彩，"是有意识的决定"。[②] 这主要是因为态度是一种长期的刺激，而作为呈现的意识是有情境性的，和具体问题相联系。但是这并不妨碍我们使用态度理论来研究意见，该理论能够使我们更好地理解意见的发生，追根溯源，且能够用于分析广告在引导舆论的阶段中是如何影响意见的产生。因此，表达的过程就是意见汇

---

① 邹国振. 社会主义核心价值体系认同的生成机制探析——以社会心理学的态度理论为分析工具 [J]. 毛泽东思想研究，2012 (2)：145.
② 许静. 舆论学概论 [M]. 北京：北京大学出版社，2009：73.

聚的过程，没有得到表达的意见不属于此处的考虑范围。最后，表达后的意见需要进行整合，舆论不会完全与形成前的个人意见相同，而是先由广告信息引发大众意见的生成，意见在传播中通过社会互动逐渐融合与趋同。整合过程的存在，就意味着个人意识在互动中必然扬弃了某些东西，才能在协调中形成共同意识，因而是"新"的共同性、整合性的意见。

c. 广告舆论是以形成过程来讨论的舆论类型

上文所述的广告评价说与消费舆论说是两种以舆论客体对广告舆论进行界定的观点，之所以两种观点不能被采纳，主要在于其既无法囊括广告活动中的所有舆论信息，又无法对应广告行业发展的现实。对于广告评价说，广告学知识中存在另一种表述，学者将之称为广告态度意识，而非广告舆论。谈及大众的广告态度意识时，广告常与带有商业意图的操纵、误导、欺骗相联系。[①] 然而在当今媒介环境下，广告主与受众间，可以便捷地实现多渠道的及时互动，多方沟通中蕴含的内容无所不至，远远超出广告本体，这种理解已无法全面地解释广告舆论的客体，是一种狭隘的理解。对于广告舆论的消费舆论说，这种概念界定也不免存在缺憾，即只以商业广告为关照，将广告的舆论现象局限于对广告销售功能的探讨之上。但现实中的广告还包括政治广告、公益广告。三种不同的广告类型形成的广告舆论分别代表了不同的目的性功能。

广告舆论的概念界定需要考虑其诞生的条件，与之相呼应的是广告概念的变迁。在数字传播时代，根据广告的历史变迁，陈刚和潘洪亮提出了新的广告定义："是由一个可确定的来源，通过生产和发布有沟通力的内容，与生活者进行交流互动，意图使生活者发生认知、情感和行为改变的传播活动"[②]，广告落脚于传播而非其他，

[①] 黄升民，陈素白. 社会意识的表皮与深层——中国受众广告态度意识考察 [J]. 现代传播（中国传媒大学学报），2006（2）：20-26.

[②] 陈刚，潘洪亮. 重新定义广告——数字传播时代的广告定义研究 [J]. 新闻与写作，2016（4）：29.

这也将广告舆论区别于以呈现媒介作为划分依据的"新闻舆论"与"网络舆论"等舆论类型。显然，广告舆论并不属于这种划分方式。作为一种传播行为的广告，并不能与呈现方式完全等同，即便部分广告内容有存在借用社会舆论、展现社会舆论的情况，尤其以公益广告为代表。但是，更多广告活动中的舆论现象，是由广告活动作用于舆论形成过程而引发的，是广告主和广告创意方为了实现某种意图而有意引导和触发的舆论现象，从呈现媒介来理解广告舆论是不合适的。因此，广告舆论概念的落脚点在于广告是一种传播活动，是一种以形成过程来讨论的舆论类型。

（2）广告舆论的内涵

a. 主体

从广告本身来讲，其影响目标是广告的目标受众。在效果导向和媒介融合、大数据的时代背景之下，受众细分日益明显，搜索引擎精准营销、实时竞价广告、再锁定精准广告等新的广告营销形式彻底改变了广告业的格局。这意味着在传统媒介时代的大众传播逐渐转变为细分目标受众传播，因此，传播方式的改变将"受众"与"公众"置于广告舆论主体讨论的焦点之上。

然而，两者却在全媒体传播时代无法被精准区分，尤其受到网络媒介发展的影响：一方面，受众的关注成为稀缺资源，广告投放方式无法完全决定信息传播；另一方面，信息交流的频率和便捷性大大提高，激发了网民的分享行为，拥有共同兴趣或共同切身利益的群体可以超越时间和空间而形成。广告信息的传播终点不再是目标受众，而是散布在社会中的，通过兴趣而逐渐聚集起的生活者；除此之外，网络的诞生与发展弱化了社会精英阶层和权威媒体对信息资源的把控，媒介报道选材也通常把网民关注的焦点当作依据[1]，被传播的信息不仅仅是传播者筛选的，结果也基于生活者的兴趣，

---

[1] 孙玮，张小林，吴象枢. 突发公共事件中网络舆论表达边界与生态治理[J]. 学术论坛，2012（11）：117-121.

网络弱化了议程设置在传播中所起的作用。因此，这些生活者通过各种互动手段，因自身对事件的感知与关注兴趣而在虚拟空间中迅速凝聚起来。这极为符合陈力丹教授"共同知觉"的主体划分标准，在广告与媒介的动态变化下，采用该划分标准较为适合，广告舆论的主体是对广告传播过程中所产生的信息具有共同知觉的人群。

b. 客体

通常情况下，研究者们对舆论客体的判断表现出浓厚的舆论主体取向的意味，这与前文所述的主体的共同知觉特征不谋而合。由于所关注的舆论问题和研究目的不同，研究者们带着社会学、传播学、政治管理等不同倾向对客体进行总结，如"有争议的问题"，"其关心的人物、事件、现象、问题和观念"，"近期发生的、为人们普遍关心的某一争议的社会问题"，"公共事务"，这些观点均无法回避公众的关注。广告舆论同样如此，即便公众对于广告通常戴有有色眼镜，认为其是经济手段，通常情况下，能够引起人们关注的广告信息是带有冲突性和争议性的社会问题，是人们感兴趣的事物、现象或是涉及切身利益的问题。这些问题在传播的动态变化中成为关注的焦点，意见汇聚继而形成舆论。

与上述关注舆论的学者的客体判断不同，广告舆论的客体还需要考虑另外一个维度——广告信息。由广告引发的舆论现象的起点是广告信息，是经过建构和结构化处理的信息，受到广告主、广告经营管理者、广告媒体、社会环境的多重制约，因而不是无常的现象和问题。广告信息的建构决定了哪些问题可以被呈现于公众面前，存在议程设置的过程，因而是人群关注并产生"意见池"的源头。所以，在谈及广告舆论的客体时，有两个关键性的要素：一是人群的共同知觉，二是广告信息的建构，即广告传播。

c. 概念

通过以上分析可知，广告舆论是在广告传播过程中形成的舆论，与其他舆论形态在内涵和外延上存在差异。如同新闻舆论一般，广告舆论亦有狭义与广义之分。狭义的广告舆论是指广告内容所反映的社会舆论，这种界定是从呈现媒介角度对广告舆论的局限性认知。广义的广告舆论，其主体不是广告受众的概念，也不是普遍意义上公众的概念，其汇聚的意见来自"对于外部社会有一定的共同知觉"① 的人群。谈及广告舆论客体，广告（商业广告、公益广告、政治广告）信息涉及政治、社会、经济、文化等社会生活的方方面面，既包含广告的建构与反映，又取决于人群的兴趣与关注，同时也是主体基于共同利益的思考的产物。对广告舆论本体的判断要与其引发的后果的研究取向做出区隔，广告舆论是通过社会互动，在意见融合与趋同下形成的共同性、整合性意见。因此，我们可以得出以下概念界定：广告舆论是在广告传播过程中，经共同知觉人群互动、协调而产生的基于共同利益的整合性意见。既包含对广告内容的反应，也包含在广告传播过程中引发的一些被设定或出乎意料的意见互动的结果。

（3）广告舆论与其他相关概念的区别

a. 广告舆论与宣传

宣传是单向的说服行为，列宁认为这是"从外面灌输进去"② 的行为，与人群是否接受信息是两个不同的概念，灌输行为不能等同于接收效率。广告舆论是基于共同知觉人群的互动而形成的，具有接收—互动—内化的过程，广告舆论作为这种过程的结果而存在。在现实情况中，广告主往往为了达到宣传效果，提升信息传播覆盖范围，以廉价的互联网为载体，进行广告信息的大范围传播，以代替共同知觉人群发声。但本质上这并非是共同知觉的意见，而是一种广告的宣传行为，要进行区分。因而，识别真正的意见在辨别广告舆论与宣传行为时尤为重要。

b. 广告舆论与新闻舆论

陈力丹教授指出，严格来说新闻舆论的提法是不科学的，新闻

---

① 陈力丹. 舆论感知周围的精神世界［M］. 上海：上海交通大学出版社，2003：6.
② 列宁. 列宁选集［M］：第1卷，北京：人民出版社，1995：317.

媒介是舆论的一种载体，媒介内容并非一定代表舆论。[①] 余秀才对这种观点进行了更进一步的解释，他认为媒介受到意识形态影响，同时要把实现社会效益放在首位，所以媒介是否可以真实地反映民众的声音，是无法得到保证的，因而媒介言论不能与舆论相等同。[②] 也有不同声音指出，这种理解是存在误解的。新闻舆论的定义有狭义与广义之分，狭义的新闻舆论是媒介意见的表达，而广义的新闻舆论是经媒介表达的社会舆论。同样，程世寿和刘洁认为新闻舆论的本质是社会舆论，只不过是通过新闻传播而表现。因而，新闻舆论具有三个主要价值因素：①新异价值，即信息的传播因为新异、显著、突出而引发受众的好奇心与传播动机；②利益价值，即新闻传播的信息往往与人们的利益密切相关；③认知价值，即是说全面、公允、深刻的新闻传播信息容易获得受众的认同。[③]

与之相区别，由于广告是一种劝服性的传播活动，所以广告并非广告舆论的载体。广告舆论是在广告传播过程中形成的舆论，即便在广告舆论的形成过程中，往往掺杂新闻媒介的作用，如公关新闻等现象的存在，但本质上，两者是不同类型的舆论，需作出区别。

c. 广告舆论与网络舆论

一些学者对网络舆论给出了较为清晰的界定，如崔蕴芳对网络舆论的定义是将舆论主体设定为"网民"。[④] 刘建明教授指出网络舆论与其他舆论类型的差异在于其形成空间是互联网空间。[⑤] 他们的界定体现网络舆论是舆论在互联网场域中的特殊形态，即便其形成和表现与普通舆论存在巨大差异，但是这种特殊性被网络这一媒介所主导，没有改变舆论的本质。

另有不少学者认为，网络舆论就是在互联网上传播的公众对某

---

① 陈力丹. 舆论学——舆论学导向研究 [M]. 上海：上海交通大学出版社，2012：7.
② 余秀才. 网络舆论：起因、流变与引导 [M]. 北京：中国社会科学出版社，2012.
③ 程世寿，刘洁. 现代新闻传播学 [M]. 武汉：华中理工大学出版社，2000：210.
④ 崔蕴芳. 网络舆论形成机制研究 [M]. 北京：中国传媒大学出版社，2012：18.
⑤ 刘建明. 舆论学概论 [M]. 北京：中国传媒大学出版社，2009：171 – 172.

一焦点所表现出的有一定影响力的、带倾向性的意见或言论。① 其中两个形容词"有影响力"和"带倾向性",是网络舆论在现阶段表现出的突出特征,该界定忽略了舆论的本质含义,在辨别舆论时,没有依赖意见的内涵逻辑与潜在的态度。

广告舆论与网络舆论是完全不同类型的舆论。我们需要认识到,随着互联网技术的不断进步,网民越来越多地通过互联网上的不同应用对社会生活中的事件或现象进行关注、形成态度、分享或表达观点,广告传播活动也越发离不开网络媒介。但是,网络媒介的参与并不能等同于广告传播本身,因此要对两者作出区分。

2.2 广告舆论的形成及标志

广告活动并非一定导致广告舆论的形成,因此有必要对广告舆论的形成及标志问题进行说明,将之与普通的广告传播活动区分开来。

2.2.1 传统舆论形成研究的梳理

(1) 舆论的形成过程

研究舆论的形成过程是从宏观视角对舆论形成的描绘与解析,国内外学者从理论的角度关注舆论的形成过程,主要分为结构流派、程序流派两种派别。从研究方法与路径上,分为数理建模与规范性研究两种。

a. 结构流派的审视

哈沃德·奇尔兹是美国的发展心理学家,舆论形成研究中结构流派的代表。他将舆论形成的宏观结构划分为人、环境、人与环境的互动三个部分,又从微观角度出发将影响人与环境互动产生舆论的要素进行总结,其中包括人的情感、动机、习惯、压力等,社会

---

① 谭伟. 网上舆论概念及特征 [J]. 湖南社会科学, 2003 (5): 188-190.

经济、政治、宗教、地理、道德、传媒等。持同样观点的学者对微观影响因素的总结不同，衍生出两种截然不同的研究取向，一类在研究中关注单个决定性因素，如潜意识、历史、种族等，一类则注重综合性因素对舆论形成的全面影响。王文勋和张文颖在研究日本明治维新时期舆论的形成时将政治、经济、文化、传媒作为背景分析要素。①

国内也有部分学者沿袭了结构流派的研究视角。陈力丹教授将影响的宏观因素总结为，"公众总体""舆论环境""中国舆论场""舆论波"，明确指出我国研究者进行舆论研究时要考虑中国的舆论场，同时，他认为学者们对于以上四个方面的研究可以从宏观上把握公众与舆论变化、现实社会与舆论源流。② 王朋进等在研究危机舆论的形成时提出关键性消解信息和意见在舆论形成过程中的重要性，可能使舆论逐渐衰弱或发生逆转。从心理学、物理学角度分析的社会群体的动力特征也一定程度决定了舆论的走向，即是说成员间相似性、群体压力等因素都是导致人们采取非理智行为、产生非理性认知的影响要素。③ 曹茹、王秋菊从心理学视野总结了影响舆论的心理因素，如从众心理、争议心理、心理偏差、群体效应，并通过分析给出舆论引导所需要考虑两个主要的网民心理的视角为积极心理学与社会建构论心理学。④

结构流派的研究为舆论形成研究提供了丰富的视角，凝结了从政治学、传播学、社会学、心理学等多个学科学者的共同努力。然而这也是其缺憾所在，无论是综合性要素还是单一性要素，研究的前提假设必然是这些要素是舆论形成必须包含的作用成分。然而，

---

① 王文勋，张文颖. 日本明治维新时期舆论研究 [M]. 北京：中国传媒大学出版社，2013.
② 陈力丹. 关于舆论的基本理念 [J]. 新闻大学，2012 (5)：6-11.
③ 王朋进，颜彦，高世屹. 媒体危机报道原理与策略 [M]. 合肥：安徽大学出版社，2010.
④ 曹茹，王秋菊. 心理学视野中的网络舆论引导研究 [M]. 北京：人民出版社，2013.

每个舆论的形成都具有特殊性，我们暂且不谈学者们总结的要素是否得到证明，也需要质疑这些要素是否是舆论系统中的共性要素。同时，学科视角的差异，使得我们很难将上述要素完整地统一于一个系统内来整体考虑整个舆论形成。

b. 程序流派的贡献

程序流派则注重研究舆论形成的具体步骤。萨托利的分析较为特别：精英阶层的煽动—普通群众的舆论沸腾—相关团体的认同。这是因为其研究将舆论视为民主的实现与表达方式，在考量舆论形成过程时他把注意力集中于阶层博弈之上。① 杰克逊·鲍尔将舆论形成划分为三个阶段：群众行为—公众争议—制度化决策。在此基础之上他又细化为七个步骤："（1）散落在各处的个人意见开始关切统一社会问题；（2）一些有组织的团体提出解决办法，公众开始产生；（3）当出现一个有组织的反对派时，公众最后形成；（4）争论双方在组织了内部舆论后，开始寻求中立态度的支持；（5）舆论出现，它是讨论和争论的产物；（6）舆论要求政府机构采取决策行动；（7）问题的责任人采取行动，做出权威性决定。"② 戴维逊将步骤细化为十个阶段：人际传播—议题突出—参与讨论—政党介入—媒介与权威介入—概括归纳—广泛传播—集合态度出现—圆圈式互动—议题消解。③

我国学者对于舆论形成的理论性研究大多同属程序流派的视角。卢毅刚所编著的《认知、互动与趋同——公众舆论心理解读》一书从名称上就反映了其从社会心理学角度将舆论形成分为三个阶段。④ 其他学者主要从整个舆论的形成来考量，林秉贤在《社会心理学》

---

① 〔美〕乔万尼·萨托利. 民主新论 [M]. 冯克利，阎克文，译. 上海：上海人民出版社，2009.
② 毕一鸣，骆正林. 社会舆论与媒介传播 [M]. 北京：中国广播电视出版社，2012：71.
③ 王石番. 民意理论与实务 [M]. 台北：台北黎明文化专业，1995：102.
④ 卢毅刚. 认知、互动与趋同——公众舆论心理解读 [M]. 北京：中国社会科学出版社，2013.

中指出舆论形成过程分为三个阶段：问题的发生—议论的引起—意见的归纳与综合。① 刘建明教授于《基础舆论学》中提出舆论形成的四个阶段：个人意见的多样化与靠拢—意志融合—舆论领袖介入—权威性的获得。② 陈力丹教授认为舆论形成的一般过程有四个步骤：①社会变动与大型事件的发生刺激了意见的出现；②互动促进意见在社会群体中的不断趋同；③权力组织及大众媒介的引导；④文化与道德传统影响与制约舆论形成。③ 刘允洲认为个体意识转化为社会意识分为四个阶段：个人意见的出现—个人意见的表达和讨论—获得多数和巩固多数—集中表达和形成声势。④ 田卉、柯惠新认为网络舆论的形成过程可以概括为：舆论事件发生—焦点事件—多种意见表达—舆论逐步整合—舆论事件结束或退出舆论中心。⑤ 喻国明教授在综合了各种流派的研究成果之上将舆论形成分为六个阶段：问题发生—意见领袖的发现—意见发生—事实与意见传播—意见互动与整合—舆论形成。他将"利益站队""议题超越"等细节因素融入该过程之中。⑥

综上学者们的研究可以发现，形成过程的划分主要包含四个阶段：意见发生——意见传播——意见整合——舆论形成，见图2-1。

意见发生 → 意见传播 → 意见整合 → 舆论形成

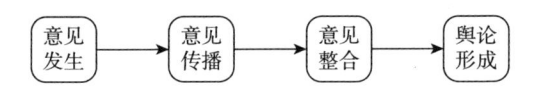

图2-1 舆论形成阶段示意

如舆论领袖、政党介入、权力组织与大众媒介的引导等阶段的

---

① 林秉贤. 社会心理学[M]. 长春：吉林人民出版社, 2003.
② 刘建明. 基础舆论学[M]. 北京：中国人民大学出版社, 1988.
③ 陈力丹. 舆论感知周围的精神世界[M]. 上海：上海交通大学出版社, 2012.
④ 刘允洲. 舆论的形成和报纸舆论功能的实现[C]. 新闻学专论集, 黑龙江省科技新闻协会, 1983：79-80.
⑤ 田卉, 柯惠新. 网络环境下的舆论形成模式及调控分析[J]. 现代传播（中国传媒大学学报）, 2010（1）：40-45.
⑥ 韩运荣, 喻国明. 舆论学原理：方法与应用[M]. 北京：中国传媒大学出版社, 2013.

加入，实际上是学者们在研究具体舆论现象时将结构性因素融入其中的结果。但不可否认，程序流派的研究对于舆论系统研究十分有价值，可以帮助后续研究者明确舆论的形成过程，在阶段的把握中深化研究。

c. 数理建模下的多元发展

基于计算机技术的发展，网络数据的获取与追踪成为可能，其他学科的理论知识也被较多地引入网络舆论形成、舆论监控等研究中。不少学者借用物理、数学、复杂系统等学科的理论和方法建构舆论动力学模型。学者应用数学的建模思想来研究舆论现象，形成了离散数学模型、French 模型等，来研究由分歧达成共识的过程。复杂网络的演化建模与仿真研究是较受欢迎的研究方法，指的是运用数理方法和计算机技术来研究复杂的舆论系统。其中，研究较为深入的是 Sznajd 模型、微分方程模型。

网络舆论形成的研究中，谣言传播是由来已久的研究重点。陈力丹教授将之称为"舆论的畸变形态"[1]，指出这种形态的出现是一种针对社会疑难问题的不得已而为之的应激状态。但是，即便这是一种无源无名的信息，却可以真实反映人们的心态。研究大致分为经典谣言传播理论、考虑社交网络拓扑结构的谣言传播理论以及其他考量了心理、教育、媒介等因素的谣言传播理论三种视角。奥尔波特指出谣言的传播要具备两个条件：信息对谣言受众的重要性，模糊性掩盖着的事实。[2] Zanette 将复杂网络理论应用于谣言传播研究之上，建立了考虑网络拓扑结构的谣言传播模型。[3] 刘星宏也采用

---

[1] 陈力丹. 舆论感觉周围的精神世界 [M]. 上海：上海交通大学出版社，2003：82-83.

[2] 〔美〕奥尔波特等. 谣言心理学 [M]. 刘水平，黄鹏，译. 沈阳：辽宁教育出版社，2003.

[3] Zanette D H. Criticality Behavior of Propagation on Small-world Networks [J]. Physical Review E, 2001, 64：050901.

该理论研究了谣言传播的效果。[①] 由于焦虑与恐惧情绪在谣言的形成与传播中起着重大影响作用。Anthony 在实证研究中证明了传播力与受众焦虑程度间的关系。[②] 从心理层面的研究还拓展至遗忘机制，个体收益预期等，张芳等结合博弈论和个体沟通差异，建立了谣言传播模型。[③]

数理建模虽然使研究的方法与分析模型得到发展，但在实际中，仍存在诸多不易解决的困难，尤其是对于个体研究者来说可操作性较低。同时，这种研究难以从宏观角度对舆论的形成做出探讨，如仿真方法主要考察的是观点间的互动影响，并不关注观点演化、媒介引导与信息接收个体的差异。同时，数理建模研究存在着巨大的研究缺陷，例如，Sznajd 模型将人的观点绝对划分为支持、反对两种，不能客观反映人在观点态度中的模糊性与动态变化，微分方程模型的假设是个体意见在人群中是"均匀混合"的，这在现实生活中也缺乏地域、文化等因素的依据，该假设往往并不成立。

d. 规范性研究

徐向红认为："现代舆论过程已高度专业化、复杂化"，因而其将舆论的形成模式分为：会议模式、媒介模式、人际模式、人际－媒介互动模式、制造－操纵模式、表决－公意模式、测量－综合模式、征询－反映模式、沉默的螺旋模式、舆论宣传模式。[④] 这种形成模式的划分实质上反映的是对舆论系统中结构性要素部分强调，对后续的研究具有重大的借鉴意义。

刘建明教授在认为存在舆论形成三种模式：①公开的与隐蔽的

[①] 刘星宏，张海峰，秦晓卫等. 加权短信网络上的谣言传播行为研究 [J]. 中国科学技术大学学报，2012，42（5）：423－430.

[②] Ahthony, S. Anxiety and Rumor [J]. Journal of Social Psychology, 1973, 89（1）：91－98.

[③] 张芳，司光亚，罗批. 基于演化博弈理论的人际谣言传播仿真模型研究 [J]. 系统仿真学报，2011，23（9）：1772－1775.

[④] 徐向红. 现代舆论学 [M]. 北京：中国国际广播出版社，1991：178－193.

模式，两者的差异在于舆论的生成是否通过大众媒介或于公开场合，隐蔽模式的舆论形成存在于人际间，"往往是由高压政策造成的"；②理性模式与操纵模式，张学洪在其主编的《舆论传播学》中认为，由于个体信息加工能力与社会因素会影响舆论的形成，因而舆论的形成模式分为理性与非理性两种，理性模式为"个人的理性判断—合理讨论—意见一致"，非理性模式为"立体型的认知—组织领袖对符号的操作—情绪统一"①；③"沉默的螺旋"模式，即强调大众媒介在左右公众意见方面的巨大影响力，大众媒介通过"对主导意见形成意见""对意见增强印象""对意见可以公开发表而不会遭受孤立形成印象"来影响"沉默的螺旋"。②学者崔蕴芳就以沉默的螺旋模式为理论基础，通过建模与实证的方法对网络舆论的形成机制进行了研究。③

除此之外，也有一些其他模型被应用于说明舆论的形成，如多伊彻提出"瀑布模型"④，用以解释在精英引导下的舆论形成，以瀑布的阶梯式下流来形容舆论的形成是自上而下的。

规范性研究下的舆论形成研究更多是在经验总结的基础上进行理论推导，关注中观视角，可以为广告舆论系统要素中观层面的建构提供思路。但是，所得出的结论并不能对舆论进行一个全面而有力的详细说明。如徐向红对于十种模式的梳理，分别对应于舆论形成的场景、介入力量、主客体细分，无法对应宏观的研究需求。多伊彻模型的缺陷也较为明显，即无法结合舆论的喷涌与上沸现象，缺乏对于相关群体间与各群体内部的互动、认同现象关注。同时，规范性研究中对于案例研究法的使用较少，更加缺失对形成过程的实证分析，这使得现阶段的研究成果缺乏依据。

---

① 〔日〕竹内郁郎. 大众传播社会学［M］. 上海：复旦大学出版社，1989：174.
② 刘建明. 舆论传播［M］. 北京：清华大学出版社，2001：86-88.
③ 崔蕴芳. 网络舆论形成机制研究［M］. 北京：中国传媒大学出版社，2012：178-193.
④ 〔美〕乔万尼·萨托利. 民主新论［M］. 冯克利，阎克文，译. 上海：上海人民出版社，2009：108-112.

（2）舆论形成的标志

关于舆论形成标志的研究，分为两种不同的思路。

其一，意见数量。陈力丹教授在多本著作中阐释舆论的基本理念时，总结了舆论的八个要素作为衡量是否可将之称为舆论的标准。其中，标志着舆论是否形成的要素有四：一致性程度（表现为舆论的数量）、强烈程度、持续性、对客体的影响。即是说在一定范围内，约有1/3的人对某种意见持有"略加"的同意或反对，意见即可转化为舆论，同时，其存在时间要足以表现出韧性且人们可以感知到其社会功能。既往的研究中对于舆论的形成往往是以生活经验为判断标准，采用"较多""超过半数"等模糊概念。然而社会科学研究正在逐步走向从定性研究向定量研究转变的道路，陈力丹教授所引入的"黄金分割原理"为舆论形成研究发展成为更加科学的研究提供了定量标准。然而这个数量标准并非是绝对的，刘建明教授提出的议论量标准为1/4，他指出"按照感知事物比例的思维习惯，'1/4'的比数通常被认为是'较多'的底数"。① 喻国明教授等给出"J形分布""双众数分布""正态分布"三种不同形态的舆论分布，用以从数量角度进行舆论反映，分别代表了大多数人持一致性意见、持否定意见与肯定意见人数旗鼓相当、持中立意见的人占到多数三种态度。该种解读反映出其对舆论的形成标志判断是基于"舆论是社会管理决策的风向标"② 的工具化认知，即服务于公共决策。刘建明教授在《舆论传播》一书中提出了议论量的"时空相对性"概念，认为意见传播空间是人们对舆论进行量度的前提，表现的是空间中的人数比例。同时不同时间内对于议论量的获取是有差异的，只有在相对的把握中才可以确定舆论是否形成或判断其所处发展阶段。③

---

① 刘建明. 舆论传播 [M]. 北京：清华大学出版社，2001：78.
② 韩运荣，喻国明. 舆论学原理、方法与应用 [M]. 北京：中国传媒大学出版社，2013：76-84.
③ 刘建明. 舆论传播 [M]. 北京：清华大学出版社，2001.

其二，其他要素。刘允洲给以数量体现舆论形成的标准指出了问题："舆论是不能用投票方法来决定的……数字不是绝对的因素。"①

毕一鸣、骆正林在研究《社会舆论与媒介传播》时指出舆论形成的派生标准是"制衡社会"，② 即是说舆论形成就必定会在社会生活中产生制约力量。舆论只要表现出来就必然是压倒性意见，成为道德力量发挥出对社会群体的压力，迫使群体解决问题。同时舆论的制衡作用也表现为对政治行为的强大制约，并且这种制约功能从古至今皆存在，"君王必须从本国的民众那里获得好感和支持，否则他一旦遭遇逆境，就再也找不到任何补救的办法了"。③

喻国明教授同样强调了舆论的强度，指出即便有些意见为多数社会成员所认同，没有一定强度而被人们忽视的也不可称为舆论，还需要通过某种方式把数量转化为影响力。"舆论的形成本身需要一定的积累，达到一定的强度后才成为公众舆论。"④ 同时，他提出了舆论的"稳定性"指标，即舆论是否发展成熟，与前面提到的"持续性"是相似的含义。

徐向红在研究现代舆论时分析了舆论流程，将舆论的形成标志总结为：第一，达成共识，即在方向、强度、大小上形成没有与之匹敌的"意见核"⑤；第二，获得社会认可，是指该意见以相当数量的公众为依托，在实践中不少于可掌握的公众总数的三分之一，具有代表性与社会性；第三，形成群体制约，是指该舆论代表了群体意志，因而具有意见调节的作用，对群体事务的进程产生影响。其所提出的"意见核"概念表现的是舆论的"向量"问题，在舆论萌发阶段，意见有许多杂乱无章的向量，通过讨论与互动意见核开始

---

① 刘允洲. 舆论的形成和报纸舆论功能的实现［C］. 新闻学专论集，黑龙江省科技新闻协会，1983：69.
② 毕一鸣，骆正林. 社会舆论与媒介传播. 北京：中国广播电视出版社，2012.
③ 马基雅维利. 君王论［M］. 光明日报出版社，2000：55.
④ 王朋进，颜彦，高世屹. 媒体危机报道原理与策略［M］. 安徽大学出版社，2010：78.
⑤ 徐向红. 现代舆论学［M］. 北京：中国国际广播出版社，1991：165-168.

吸引附近的意见出现有序向量，在舆论形成时，意见核的向量成为基本向量。

2.2.2 广告舆论的形成及标志

（1）广告舆论形成的背景

在上文的论述中可以发现，广告舆论的出现是人类社会发展进程中的一个偶然，但广告舆论的出现又是广告业态发展过程中的必然。发展之初广告就带有商业逻辑，随市场结构变动、生产力的提升与市场向买方市场的转变，信息告知型的广告不再能够满足市场需求，品牌与商品亟须在纷繁复杂的市场竞争中脱颖而出。因此，"劝服"性信息开始充斥广告内容，以"销售"观点为目的的公益广告的出现使得这种趋势更加明显。

媒介环境也随技术得到质的飞跃，以往一对多的大众传播受到一对一、多对一、多对多的网络媒介的冲击。具有海量信息的网络传播环境使得受众的注意力成为稀缺资源，受众在媒介形态的改变下变得越发"挑剔"，对互动与个性化的要求大大提升，也在新媒体环境下乐于分享与贡献，成为传播活动的参与者，协同媒介对传播信息进行筛选。同时，受众的媒介素养提升，对广告信息带有警惕意识。

一系列的环境改变成为广告舆论系统中重要的影响因素，单一性的劝服性信息无法起到既往的作用。因而，在传播中，广告要通过内容的巧妙设置、合理的媒介选择、精心的议程设置来吸引受众注意力，同时提升传播中的互动性与满足受众的个性化需求，以实现劝服效果。广告传播变为一个更为复杂的行为系统，受众的影响力提升。作为广告传播与受众互相协调的结果，广告舆论现象日益频发。

（2）广告舆论形成的标志

广告活动并非一定导致广告舆论的形成，甚至大多数的广告活动均没有引发广告舆论，这是因为广告活动本身的差异会导致不同的广告效果产生，这与新闻舆论存在不同，因为广告舆论讲求的是形成过程，广告活动无法对于传播效果做出保证。与广告舆论相仿的是网络舆论，并非所有的网络信息传播均导致网络舆论的形成。但是，广告舆论作为一种广告效果而存在，具有形成标志。研究广告舆论，起点在于如何确定广告舆论是否形成，形成的标志有哪些？在形成标志确定的基础之上，才能认定形成过程的起止节点，为研究内容明确边界。

综合上述学者们的研究，可以总结出几项舆论形成的标志，即"舆论的数量""舆论的强度""舆论的稳定性""对舆论客体的影响""舆论社会制约""舆论时空相对性""舆论向量"，它们是现阶段对舆论形成进行研究所运用的主要标志因素，为后续的研究也提供了有益的思考方向。但是，这些标志是学者们根据自身的研究所提出的几个具有代表性的舆论形成标志，其中不乏一些标志具有不可操作的缺憾，即无法给出明确的衡量标准，更加印证了一些舆论研究者对于舆论只是存在于人脑海中的想象的论断。如对社会产生影响、进行制约等标志实际上指的是广告舆论的社会功能，是一种后置的形成标志，因此，不纳入前置的形成标志系统中来。对于广告舆论，需要进行更为明确的讨论。

即便在实际操作中，我们无法准确地给出意见数量、强度等要素的具体指标来确定舆论形成，但是仍然需要对这些标志做出说明，否则将无法明确区分现象与研究对象。

a. 广告舆论中的意见数量

广告舆论的形成需要注重意见的数量，因为其是一种共同性意见，注定了需要广泛的认知、意见表达与广泛的互动交流，没有一定的意见数量，则无法称为"共同性"意见，只能是个体或少数派意见。在这里，我们同样无法按照人口基数对形成舆论的意见数量给出一个明确的标准，但是概念中对于共同知觉人群的说明，可以给出一个划分的依据，即意见的流动是否覆盖了现有社会条件可达到的社会共同知觉人群的较大比例。在互联网时代，一则信息达到千万条的传播数量不能算是较大比例，但是对于意见数量也不可过高估计，在互联网出现以前，实现万人表达并互动的可能性仍较小，在互联网时代以几十万计、百万计即可能算是舆论形成的意见基数，一定程度上可以实现社会影响。

b. 广告舆论的稳定性

广告舆论的稳定性尚待探讨，因为广告舆论具有明显的"现代性"特征，有短暂、偶然、流变性的精神与气质，是一种瞬间性的生活制度，区别于理想中的社会制度，是偶然化与瞬间化的。如诺依曼的舆论思想，她将舆论视为一种"流行"。因而，区别于现阶段对于舆论"权力机制"的理解，是对舆论思想的一种发展。这极大地受到互联网技术的发展影响，舆论的稳定性标志，也需要随时代更新。在互联网时代，信息的数量爆发式增长，网民的注意力转移速度快，是稀缺资源，对事件的关注时间甚至以天为单位计算，信息的生命周期极短。受到该因素影响，能够形成一定范围内的广泛认知尚且不易，对于舆论形成的标准，也需要相应调整。即存在整合的表象即可，而非过分强调。如过分强调舆论的稳定性，则在现实中难以进行舆论观察与追踪，使得该命题的研究成为不可能完成的任务。

c. 广告舆论的向量

广告舆论并不是一致性的意见，而是整合性的，基于共同利益的意见。因此也要注意广告舆论的向量问题，如不关注单个方向上意见的强度问题，则无法将之区别于街头巷尾、熟人间的议论，或是具有明显意见表象却并不形成舆论事实的宣传行为。即便在共同知觉人群中，利益也并非一致。如面对网络游戏，部分人群认为这是一种生活的消遣方式，部分人群认为这是不务正业或是浪费时间，本就是一个难以统一思想的问题。即便提倡中庸思想的观点大有人在，这也只是一种理想中的舆论，并非现实中的情况。舆论的形成不以人的设想为转移，是一种客观的现实，舆论引导的存在只是"干扰"因素，不能完全决定舆论的走向，每一个舆论研究者均应抛弃舆论是积极且有利于社会的思想。也正因如此，广告舆论可能存在不同的向量，甚至可能是完全相悖的意见方向，但是当个别方向上达到一定强度,即可认为这是在更为细分的共同知觉人群中形成的广告舆论。

2.3 广告舆论社会功能的本质内涵

在文献综述部分,讨论了广告舆论社会功能研究,乃至广告社会功能研究中存在的问题,研究没有紧跟时代步伐,因而结论并不适应环境的发展;研究缺乏规范,存在对于社会功能、功能概念的混淆。造成这种状况的原因主要在于广告舆论社会功能研究的特殊性,需要研究者既有广告研究的背景,又熟悉社会学的相关知识与方法。因此,为理清研究问题,本研究将结合功能主义理论与广告舆论本身,对广告舆论社会功能给出一个清晰的界定。

2.3.1 "功能":一种泛化的"贡献"

在传播学中,社会功能概念的使用是等同于功能概念的,下文中将不再赘述,两者通用。学者们在概念认知上存在分歧,对"社会功能"一词的使用存在误区。"功能"一词的使用,在不同场合包含多重意义,如不从学术上加以说明与概念的严格界定,会使得研究缺乏严谨性与准确性,学者们研究中的分歧愈来愈多。

(1) 汉语中的"功能"表意

"功能"一词在不同语言、不同场合中有不同表意。本书所使用的"功能"一词,在中文里主要指事物或方法发挥的作用、效能、功效。语出《汉书·宣帝纪》:"五日一听事,自丞相以下各奉职奏事,以傅奏其言,考试功能。"作用与功能两个词的词义相似,在很多情况下可以互换。作用在表示事物的内在属性时,是可以通用的。但是,当作用表示事物间关系,即对另一事物的影响时,表意就存在差异。① 大多数情况下,人们使用"功能"一词只是以结构功能的

---

① 赵勇. 社会主义意识形态功能研究 [D]. 华东师范大学, 2007.

意义基础，即物质系统内存在各要素的相互联系与作用，这是客观事物的结构，而功能是指"物质系统所具有的作用、能力和功效"。①

（2）英语中的"功能"表意

在英文中，"功能"（function）一词在《韦氏英语词典》中的解释为："任何一组相关行为导致的一个更大的活动"（any of a group of related actions contributing to a larger action）。因而，从字面来看，功能有两个含义：第一，存在因果关系，功能是行为的结果；第二，存在层级关系，功能在系统中的层级高于功能主体行为层级。

（3）新闻传播学中的"功能"含义

受到媒介有限效果论的影响，功能主义开始成为传播学研究中的一种有力解释工具。从功能主义视角来看，可以对大众传播对社会的影响力进行理解，同时，"媒体的效果也可以被系统的其他功能部分视作是'有限的'"。②另有学者认为，功能主义理论不仅可以应用于社会系统，也能够应用于大众传播研究本身。于是，提出了"传播系统理论"，通过阐释其在社会系统中的宏大角色来评估媒体。由于功能主义是综合性的理论，不同学者在进行相关研究时，做出一定扬弃，以找寻最适合研究命题的理论与研究路径。但是，真正意义上的新闻传播学的功能研究并不多。

新闻传播学社会功能研究中，对"功能"一词，学者们的论述可以归纳为三种：第一种观点认为，"功能是指大众媒介本身的、在它和社会互动中可以发挥的作用"；第二种观点认为，"功能是指新闻媒介的主持人以及社会上方方面面从其自身利益出发希望（或期望、要求）新闻媒介发挥的作用，或者说希望新闻媒介成为他们的某种工具"；第三种观点认为，"功能是指新闻媒介在其传播过程中在社会上实际发生产生的作用"。③三种理解只有第一种较为客观，

---

① 辞海（缩印本）[M]. 上海：上海辞书出版社，1989：1317.
② [美] 斯坦利·巴兰，丹尼斯·戴维斯. 大众传播理论：基础、争鸣与未来 [M]. 曹书乐译，北京：清华大学出版社，2014：178.
③ 李良荣. 西方新闻事业概论 [M]. 上海：复旦大学出版社，1997：85.

后两种观点显然受到传播学者拉斯韦尔、赖特和拉扎斯菲尔德的正、负功能研究影响。第二种观点对概念理解上，没有剥离"目的论"的影响，将因果关系中的"因"视为其他事物的福祉。第三种观点则将功能与效果混淆，西方新闻界自身，也以'效果'这一词概括这种解析。

2.3.2 "社会功能"：必要性、客观性、系统性的节界

在学术用语中，首先使用"功能"一词的是生物学，指"有助于维持有机体的生命过程或有机过程"①，"功能"的概念后被引入社会学中，无论上文中所述的"功能"概念为何，均是基于社会学研究中的功能概念，因而在界定中，需要参考社会学中功能界定的几个特征。

（1）重视功能的"必要性"

在社会学与传播学中，学者们对社会功能概念的分歧，更多体现的是所持立场的区隔。但是，其研究基础均是来源于对生物学的借鉴与将社会与生物学的类比。生物学中的"功能"是指"有助于维持有机体的生命过程或有机过程"。② 因此，"维持"的意义极为重大，如同后续社会学家在论述中强调，拉德克利夫-布朗为了规避"目的论"对功能分析的影响，他使用"存在的必要条件"来替代"满足系统需要"，布朗认为："重复发生的生理过程之功能就是该过程和有机体的需要"③，功能是对维持社会结构做出的贡献，因而他理解中的功能是维持系统必要整合的过程，简言之，是指"部分行为对整体行为所做出的贡献"④。帕森斯持有"功能先决条件"

---

① Ludwig Von Bertalanffy. Modern Theories of Development [M]. New York：Oxford University，1933：9.
② 于嵩昕，姜波."传播"意涵的反思 [J]. 新闻传播，2014（15）：8-9.
③ Radcliffe Brown. On the Concept of Function in Social Science [J]. American Anthropologist，1935（37）：395-396.
④ ［英］拉德克利夫-布朗 A R. 原始社会的结构与功能 [M]. 丁国勇，译. 北京：中国社会科学出版社，2009：187.

的态度与发展出的 AGIL 理论，实际上就是对该思想的一种深入的发展。因此，广告舆论社会功能的概念要将维持必要的系统运行作为重要标准。

这意味着要将功能与价值两个概念做出区分。功能与价值是紧密联系的两个概念，实现价值的前提是功能的发挥，在发挥功能的过程中，事物会产生一定的效果，体现出一定效果，这些效果对人的意义就是价值，没有功能就没有价值。马克思认为，人在把成为满足他的需要的资料的外界物，作为这种满足需要的资料，而从其他的外界物中区别出来并加以标明时，对这些物进行估价，赋予它们以价值或使它们具有'价值'的属性。① 使用价值体现的是人与物之间的关系，事物对人的意义，价值依赖人而存在。但功能体现的是系统与环境间的关系，是自身属性的外在表现。例如在生物学中，唾液的功能主要服务于润滑口腔黏膜、溶解食物、帮助消化和杀菌，即便现代医学发现唾液还具有美容护肤的作用，是唾液价值的提升，也不能将美容护肤称为唾液的功能。

（2）重视功能的"客观性"

重新审视多个学者对功能概念的研究，发现他们极力推崇涂尔干的功能理念。涂尔干对"功能"这个概念进行了系统的阐释，如他认为社会体制的功能是使之与社会组织存在的必要条件相一致。同时，他强调避免陷入"目的论"的陷阱，指出"社会功能是指可观察的客观结果，而不是指主观意向（目的、动机、目标）"。② 如若在主客观中出现模糊，则必然导致分析中存在混淆。从这个角度来讲，不少功能主义学者均存在该问题，主观意向不一定与客观结果相同，那么功能分析也就不清晰了。

效果与功能两个概念常被混淆。其中，效果是某种动因产生的结果，是实践的客观后果，"动机"与"效果"这两个哲学范畴的重要

---

① 李辽宁. 当代中国思想政治教育意识形态功能研究 [D]. 华中师范大学, 2006.
② 〔美〕罗伯特·K. 默顿. 社会理论和社会结构 [M]. 唐少杰, 齐心, 译. 南京：译林出版社, 2015：113.

概念告诉我们，动机与效果是构成行为的最重要的两个因素，任何行为都由一定动机引起，而效果一定程度反映动机。通常情况下，两者是统一的。两者不统一时，是因为效果掺杂了主观意图，这也意味着效果适用的范围是具有动机的生物。而功能是系统的内在属性，是一种客观存在，超越生物的适用范围，可以指人也可指物。

（3）重视功能的"系统性"

以上研究中与功能进行区分的相关概念，主要体现的是一些研究者在研究中的目的论取向。功能分析的本质意图在于关注社会事实，在客观的认知中充分了解子系统在社会系统中的作用过程，为实现一个更加崇高的理想——社会的良好运转——而服务。正如法国社会学家艾德加·莫兰所说："广告也能构成一个系统……广告的领域有时会向社会无限地扩大，有时又会以自主系统的面目出现。"[①]

功能主义是一种方法，虽然学者们的研究无论是在视角、观念、路径还是方法上均存在分歧，但是，无论功能主义如何发展，一直没有被摒弃的前提是"系统平衡"。这套理论的应用，首先要识别出某个系统，然后从服务于系统整体的角度来解释系统是如何运行的以及其组成部分。因此，对于广告舆论的社会功能研究，也要遵循"系统性"原则。

2.3.3 广告舆论社会功能的概念

分析了社会学中功能主义的发展与新闻传播学中的相关研究，我们可以看到，学者使用"功能"或是"社会功能"的概念，研究的重点均归于社会系统，即新闻传播对社会系统产生作用的过程。因此，作为传播的广告，广告舆论的社会功能研究所对应的系统也应该是宏大的社会系统，而非其他任何一个子系统。

广告舆论社会功能是广告舆论系统服务于必要的系统整合的内

[①] 〔法〕艾德加·莫兰. 社会学思考 [M]. 阎素伟，译. 上海：上海人民出版社，2001：422-423.

在属性作用于社会系统的客观结果，即形成广告舆论的必要条件作用于社会系统的客观结果。首先，社会功能的基础是广告舆论系统的内在属性，即广告舆论系统本身具备的特征，用于规避其他主观性因素的影响。其次，社会功能是服务于必要的社会系统的。最后，社会功能是客观结果，要与结合社会现实在实践中产生的效果做出区隔。广告的存在有一套商业或政治逻辑，但是这属于主观意向，意图达到商业目的或实现社会效益，但是意图的结果却不一定与广告的客观结果相同。在实践中，广告舆论的功能发挥往往并不一定符合设想，不完全是可操控的艺术。因而，在进行广告舆论社会功能研究时，不能将主观意向与客观实际两者混淆。

3 基于功能主义的广告舆论社会功能分析范式

3.1 功能主义理论研究的系统梳理

展开广告舆论社会功能分析框架的探索之初,将首先对功能主义理论这一无论对西方还是对中国都产生了很大影响的理论流派进行脉络梳理,才可以依照广告舆论本身特点寻找适用的分析范式,或是在继承前人成果的基础上进行调整。

3.1.1 生物学隐喻:早期功能主义理论

(1) 孔德(Auguste Comte)

被尊为社会学创始人的孔德将"功能"概念引入社会学中,他将功能理解为"终极原因"。对生物学概念的借用,是孔德将社会学地位合法化的策略,"如果我们采用了生物学中最为确定的观点,那么我们就可以将结构解剖成要素、组织和器官。对社会机体也将如此,也许甚至用同样的名词"。[1]

该理论的基础是将社会比作有机体,认为社会是"相互依存的各部分构成的整体系统,各部分都在系统中承担一定的作用或功能。"[2] 孔德研究中的类比尚较粗糙,但是却提供了社会学合法化的方法。

---

[1] Auguste Come. System of Positive Polity [M]. London: Franklin Library, 1975.
[2] 侯钧生. 西方社会学理论教程 [M]. 天津:南开大学出版社, 2001: 136.

(2) 斯宾塞 (Herbert Spencer)

英国哲学家、社会学家斯宾塞,继孔德后将有机体的论述充分发展,在完成《生物学原理》后,他试图将生物学的原理运用于解释社会这一"超有机体"。从生物学里,他主要吸收了三方面的重要内容:①个人与社会的特性部分来自个体与群体间竞争;②社会的进化是以功能依存为标志结构运动;③个体或系统间的差别是对环境适应的结果。[①] 在其著作《社会学原理》中,斯宾塞系统地将社会与有机体进行比较:①有机体或超有机体(社会)的规模增长意味着结构增长;②与结构分化相伴的是功能的分化,每一分化结构承担维持系统的一定功能;③结构和功能互相依赖,每一结构需依赖其他结构才能生存;④每一分化的结构本身也是一个系统(子系统),因而整体受子系统过程影响。

随着研究的深入,斯宾塞发展了"条件功能主义",认为有机体或超有机体为适应环境而具备一些先决条件,从而在分析中得出,与社会发展相伴的是"运作、控制和分配结构内部的分化"[②],这使得斯宾塞所进行的许多实际分析被简化,只考察整合、维持、生产、分配、调整控制的过程。

(3) 涂尔干 (Emile Durkheim)

法国社会学家涂尔干同样深受生物学的影响,大量使用生物学术语。他为功能研究确立了一个原则:社会研究如需得到满意的结果,需要反映的是现象间的协助,及其如何实现社会自身的和谐,并与外界环境保持和谐。[③] 为此,他强调了"功能需求"的观念,认为社会系统处于"常态"与"病态"间,正常的功能则必须满足社会系统的需要,围绕均衡状态而产生。

---

① [美] 乔纳森·特纳,勒奥纳德·毕福勒,查尔斯·鲍尔斯. 社会学理论的兴起 [M]. 侯钧生等,译. 天津:天津人民出版社,2006.
② 特纳. 社会学理论的结构 [M]. 邱泽奇,张茂元,译. 北京:华夏出版社,2006:25.
③ 刘海龙. 中国传播研究中的两种功能主义 [J]. 新闻大学,2012 (2):10-14.

涂尔干脑海中的"功能"等同于行为的结果，同时，他为极力避免陷入"目的论"的陷阱，强调要将产生现象的原因与现象所产生的结果区别开来。如他所说："在解释社会现象时，我们应当尽量把促使这一现象产生的主要原因和它所实现的功能区别开来。我们使用'功能'一词倾向于'结果'或'目标'之意，是因为社会现象的产生并不一定是为了引起有益的后果。"① 并且，涂尔干在《准则》中还主张，要把因果分析与效果分析结合起来，前者解释现象发生的原因，后者对运行状态进行说明。

3.1.2　人类学介入：功能主义的发展

人类学家在研究中多对功能主义进行使用，将之视为简单而有力的分析社会的工具。两位著名的人类学家都深受涂尔干的思想影响，却发展出不同的观点。

(1) 马林诺夫斯基（Bronislaw Malinowski）

在马林诺夫斯基的功能主义设想中，极为强调"个人"，即注重解释文化对个人需要的满足，他的基本观点是将文化当作满足人类生活需要的一种人工体系。他引入了两个极为重要的观念，一个是系统层次的存在，一个是层次之上的系统的需求多样而复杂。首先，他将系统层次划分为由下至上的——生物的、社会结构的与符号的——三个等级阶梯，并探究了这些层次构成的最基本条件，尤其强调结构和符号系统层次。② 其次，他对需要的类型进行了区分，分别是：生物上的需要、社会的需要与社会整合的需要。

与斯宾塞相仿，马林诺夫斯基也提出，上述任何一个层次的系统，都存在着普遍的功能需求：①经济适应；②政治权威；③教育社会化；④社会控制。因而，他尝试去证明，一些现象即便看起来

---

① Emile Durkheim. The Rules of the Sociological Method [M]. New York: Free Press, 1938: 96.
② Bronislaw Malinowski. A Scientific Theory of Culture and Other Essays [M]. London: Oxford University, 1964.

是非理性的,但本质上是理性的。

(2) 拉德克利夫－布朗(Radcliffe Brown)

布朗与同为人类学家的马林诺夫斯基有着截然不同的论调,强调"社会"研究主要讨论的是社会结构如何在历史的推进中实现功能。

同时,他的理论认为生物欲望是十分重要的,这导致了他的人类文化研究中,突显出对人类生存的生物欲望满足的重视。并且,他还强调社会的复杂性,认为社会机制才能说明社会,而非较低层次上的机制。

为了规避"目的论"对功能分析的影响,他使用"存在的必要条件"来替代"满足系统需要"。社会系统存在差异,其生存必需条件因而存在差异,就可以否定一要素在其他时空具有同样功能的论断,从这个角度来看,他与马林诺夫斯基的观点同样存在差异。

3.1.3 结构功能主义:帕森斯的宏大理论设想

美国社会学家帕森斯(Talcott Parsons)的研究被视作为后续建立一个更为综合性的社会理论的起点。他研究目的在于创建一种宏观的社会学模式,一个更为完整的理论体系。即便学者并非完全赞同帕森斯理论的各个方面,甚至部分学者对其批判颇多,但几乎没有人能否定其在社会学领域的地位。至今,其功能主义理论依然是学者们争论的话题。

帕森斯的结构功能主义与人类学家的功能主义存在本质上的差异。在他高度抽象的研究之下,功能主义和结构主义的联系被架构起来,最早在《社会行动的结构》一书中提出,并在《社会系统》与《现代社会体系》两本书中作出了充分阐释。

在帕森斯早期的研究中,"社会秩序"是核心命题,因而他确立了理论前提与假设:社会存在基本一致的价值观与行为准则,而社会秩序正来源于此。因此,他认为社会结构是为了实现社会秩序的存在与变化。① 中期研究中，他开始系统地进行结构功能理论的建设，从系统结构入手，他认为系统是有相对结构的，部分功能必须得到满足才可以维系系统的生存，于是，他提出社会系统由经济、政治、法律、亲属四个子系统共同运作，各子系统对应一种功能。同时，帕森斯也具有系统均衡状态的思想，他认为各子系统边界关系若保持在平衡状态，即可促使社会实现良性运转，若突破平衡的最低限度，则出现社会冲突，社会失调，称为社会系统的负功能。

3.1.4 中层理论：默顿的功能分析范式

默顿（R. K. Robert King Merton）虽然继承了帕森斯的结构功能理论，但在功能分析方面有截然不同的看法。他认为在建立宏大的理论体系前，需要进行必要的经验积累和理论探索。在他看来，这些工作尚没有完成，因而他对于宏大而排斥经验的分析框架的建构持一种否定态度。他对宏大功能主义理论的质疑有几处，旨在避免对于功能主义的假设。他认为这些假设存在不真实的可能性，如"功能一致性""功能普遍性""功能不可或缺性"。

在这种观念下，默顿主张"中层理论"，认为研究者应在经验的广泛积累上，提出必要的考虑变量，并在精细化的描述之上，通过实证对变量间的关系进行陈述。中层理论由一系列设想组成，通过逻辑推演，并通过经验主义调查予以确认，秉承解析有限范围内的行为的设想，主张对尚待了解的问题进行描述，指出还需要探究的内容，为后续获得知识做铺垫。但是，我们并不能将默顿的成就完全局限于中层理论中，因为从他的论述中，我们可以看到，默顿的中层理论并非完全否定宏大的理论建构，而是认为需要通过一系列的研究整合为中层理论，然后再建构一个更为全面的宏大理论，认为这比前人没有经验研究所提出的宏大功能主

---

① 董向芸. 结构功能主义与内卷化理论视阈下云南农垦组织改革研究 [D]. 南开大学，2012.

义理论更高级。

默顿的另一贡献在于他提出的功能分析范式,与帕森斯系统功能发挥均是正功能的论断不同,默顿认为应考虑功能结果的"正负净权衡值",推助系统内聚与整合为正功能,促进系统破裂为负功能。[1] 同时,创造性地提出了以主观意图的实现和客观结果的表现来区分潜、显功能(见表3-1)。默顿的功能分析范式极大地推动了经验化研究的发展,成为被后续学者常用的功能分析方法。

表3-1 默顿的功能分析范式

	显功能	潜功能
正功能	正-显功能	正-潜功能
负功能	负-显功能	负-潜功能

3.1.5 新功能主义:对帕森斯的继承

帕森斯的理论在20世纪40~60年代,在整个社会学理论发展中,拥有一种压倒性的影响力。此后,一些建立在批评帕森斯理论基础上的理论层出不穷,"其目标是以行动或秩序的一个特殊要素来取代帕森斯所努力建立的综合理论"。[2] 然而这种"新功能主义"的称法是基于功能内涵的延伸而非与传统的决裂,可以从多个研究者的论述中寻找到帕森斯理论的影子,如"社会分化""社会共同体""AGIL功能模型"等帕森斯的经典理论思想均被吸收与重建。"这股思潮力图在后实证主义科学哲学的基础上,综合包括各种反帕森斯理论流派在内的有关最新研究成果,对以帕森斯为代表的结构功能主义理论进行新的建构。"[3]

---

[1] 董向芸. 结构功能主义与内卷化理论视阈下云南农垦组织改革研究 [D]. 南开大学, 2012.

[2] 〔美〕亚历山大 J C. 新功能主义及其后 [M]. 彭牧, 史建华, 杨渝东译, 南京: 译林出版社, 2003: 8.

[3] 方旭东. 费孝通功能主义思想嬗变及其本土化 [D]. 陕西师范大学, 2010: 50

新功能主义学派秉承着广义的后实证主义观，认为经验观察和非经验表述存在差异，实证主义的概括性命题对于更倾向于经验的学科来讲意义并不显赫，只有在与经验性观察联系时，实证主义所得的普遍理论才能得以充分阐释。

该理论主要有以下三个方面的扩展。①对行动理论的更新。新功能主义将偶然性、创造性引入到行动模式中，并不认同帕森斯理论中一致性的行为准则的观点，提出"解释""谋划"两个推动行为的基本维度。②建立行动与结构的关联性。学者们从微观角度批判了AGIL模式对行动的冲突性和体系的强制性，拓展了主体的能动性在结构中的重要性。③冲突理论的补充。该理论从系统结构角度入手，引入利益群体、利益群体结构、利益群体冲突等概念，强调利益对系统结构和功能的分化，得出了系统结构并非是子系统均衡整合的判断。①

3.2 结构-功能主义在广告舆论社会功能研究中的适用性

由于概念界定中强调了"必要性""客观性""系统性"三个概念特征，在进行研究的理论框架选择时，必然要遵照上述特征。结构功能学派认为系统是一个事实，系统中的结构与功能相互依赖、共生，结构是功能的前因，功能是结构的结果。因而，对功能的分析可以通过结构分析得以实现，考察功能实现的机制就是对结构的探索。该理论对广告舆论社会功能的研究具有适用性。

3.2.1 基于广告舆论特征的必然选择

如上文所述，进行探索式研究的一般思路是从假设到验证，从一般到特殊。因此，在进行广告舆论社会功能研究时，需要首先考

---

① 董向芸. 结构功能主义与内卷化理论视阈下云南农垦组织改革研究 [D]. 南开大学, 2012.

虑广告舆论系统的一般共性，即从宏观上进行研究，这意味着分析范式的选择上要考虑宏观的理论架构。

从舆论研究的整体演进方向来看，对于舆论的研究逐渐打破了"舆论平面观"，学者们原本持有舆论形成要素是一种递进关系的观点，但他们逐渐转变为一种立体的互动模式的观点。研究开始将舆论系统视为一种开放系统，"将舆论看作一个动态系统，是基于舆论的形成要素、结构特征、运作原理及功能实现与一般系统论的内在要求高度吻合这一事实和前提"。[1] 舆论在历史发展中，新的要素不断有新的要素加入，不断丰富着舆论系统研究的内容。在这种趋势下，既往的程序流派的研究变得不再热门，结构流派的研究被纳入模型研究中。即便研究所借用的理论与研究方法呈现出多元化的发展趋势，这体现出学者正在以更为开放的思路进行舆论研究，但是背后的逻辑均是将舆论视为一个开放性的系统。以美国为代表的国外舆论研究并没有对构建总体性理论框架投入足够的精力，本研究的宏观视角也将成为对舆论研究做出的一点补充。这更加为以结构－功能理论这种宏大的理论建构来考察社会功能的路径选择提供依据与可参考的成果。

由于广告舆论社会功能研究的客观性，显然结构功能主义的研究范式是适合的。即便新功能主义是对帕森斯结构－功能主义的继承与发展，但是在研究中将"谋划""利益""冲突"等要素纳入结构分析当中，均是在结合原因与结果的分析中对于功能概念的一种混淆，无法像结构－功能理论一样客观地认知广告舆论的社会功能。

由于广告舆论研究对必要性的强调，需要考虑分析范式中对于功能必要性的考虑。这样的界定超越了功能"需求"的目的性，却在每一次使用时，都将涉及对人类社会存在的必然条件的假设。因此在对必要条件进行假设时，需要慎重决定。帕森斯的结构－功能

---

[1] 杜俊伟. 系统舆论观：舆论研究的新思维 [J]. 新闻窗，2009（2）：25.

理论持有"功能先决条件"的态度,这是现有功能研究中对于必要性强调最为明确的理论。按照这种观点,系统存在四种需要和功能先决条件,即经典的 AGIL 功能模式:适应(Adaptation)—获取所需外部资源的手段,目标(Goal Achievement)—确定目标次序与调动资源实现既定目标,整合(Integration)—协调各组成部分有效发挥功能,模式维持(Latent Pattern Maintenance)—运行中断时期保持运行模式以备重新运行。该理论为分析广告舆论系统必要的系统整合提供了理论依据,该四项基本功能是任何系统发挥社会功能的前提条件,因此可以根据该理论对广告舆论系统发挥功能的条件,及各要素在系统中扮演的角色进行探索。AGIL 理论已被广泛地运用到社会学、政治学、经济学等领域,其适用性已被多次验证。

3.2.2 存在对弊端进行规避的弹性空间

结构-功能的宏大的理论建构主要用来指导广告社会功能及其作用机制的研究,但同时,本书在研究广告舆论社会功能的同时期望可以对功能的发挥进行认知并供给社会控制的策略,因此结构-功能主义对本研究而言是存在弊端的。

(1)结构-功能主义理论是基于研究整个社会系统的目标下创立的理论集合,本研究是对广告舆论系统作用于社会系统的客观结果的研究,因而,只能采用该理论集合的思路对广告舆论系统结构性要素与服务于必要的系统整合的广告舆论系统内在属性进行探索。后续对于广告舆论社会功能的研究需要基于足够的质性数据来对广告舆论系统对社会系统的作用进行提炼。

(2)结构-功能主义理论认为功能发挥即是正功能,在帕森斯的结构-功能研究中,他认为突破社会平衡的最低限度,则会出现社会冲突、社会失调,他称其为社会系统的负功能,这意味着帕森斯具有一种自然主义的态度,这对广告舆论社会功能的研究是十分必要的。但是,该观点无法解决在功能认知后对于功能作用于社会的现实效果的研究需求。默顿的功能分析可以很好地对应该问题，但是同样具有缺陷。巴兰与戴维斯认为，继承了默顿功能分析思想的传播社会功能研究存在一个明显的缺陷，即无法对事物在社会中的整体作用得出一个明确的结论。因为，学者们在指出正、负功能后，只要倡导功能间的相互抵消，以达成社会平衡，就可以避免争议的存在。① 然而，负功能是切实存在的，其作用并不一定被抵消掉。正如犯罪后的惩罚机制，并不能抵消掉受害者所承受的伤痛本身。那么，社会负功能造成的切实危害将由谁来承担？以平衡概念来解释影响时，显然使学者过于接受现状而无法提出更具说服力的主张。

诚然，这套理论像其他理论一样具有这样或那样的自身缺陷，研究者在运用时必须要提防陷入某一种误区中，或者对理论生搬硬套。但是，这并不妨碍在进行有关社会功能的探索性研究时，批判性地继承学者们的研究成果。即便不能完全解决问题，也可以在研究中采取补充措施以规避其给传播研究带来的困扰。

因此，本书不仅需要通过帕森斯结构-功能主义对广告舆论社会功能进行客观认知，同时也需要结合默顿的中层思想，来探究广告舆论社会功能发挥的现状，进而以充足的经验积累对社会功能的作用机制，以及对广告舆论的引导等内容作出回答。两者的理论分歧并非无法调和，结构-功能主义存在对弊端进行规避的弹性空间，即在结构的探索中需要涉及中观层面的观察，将宏观分析与中层的经验积累同步进行。先以中层观察对宏观框架进行补充，获知广告舆论客观的社会功能，再以中层研究的成果来探讨其作用于社会系统所产生的效果为何，有针对性地提出对策以对广告舆论负功能进行控制。

---

① 〔美〕斯坦利·巴兰，丹尼斯·戴维斯. 大众传播理论：基础、争鸣与未来[M]. 曹书乐，译. 北京：清华大学出版社，2014.

3.3 结构-功能主义在广告舆论社会功能研究中的具体运用

直接采用现有的结构-功能研究范式不一定能在进行广告舆论社会功能研究时得到充足的收获。范式的选择显示了本研究中方法、推论的关键。针对本,研究结构-功能分析的运用不是直接的,而是需要对其进行扬弃与补充。

3.3.1 提炼系统结构要素:结构功能研究的关键步骤

结构-功能研究的基础在于确立一个明确的系统对象。系统论强调系统是一个整体,"系统中的各个组成部分是相互依存和相互制约的,这一特性形成了系统中的组织。同时,系统也具有一个环境,它们并不存在于真空中,而是受到周围环境的影响"。[①]

由于广告舆论系统是一个更为复杂的舆论系统,所以在具体分析各要素前,有必要对系统的层次进行解析,便于理清思路。同时,进行案例分析前,有必要为分析提供一个框架,即从宏观上对广告舆论系统进行一个说明。结合上文,在结构研究中需要融入中层视野,因而在结构性要素的探究过程中,需要对广告舆论系统下设至二级中层要素的探讨。

3.3.2 多案例研究的检验:更规范的研究过程

社会科学研究中,长期被广泛运用的研究方法是田野调查、现场调查、质性分析方法等,但是研究方法的选择并不取决于"流行"或者某种"主流"意志,选择主要取决于研究问题本身。对于广告舆论社会功能的探索性研究,我们无法采用对比研究的方法,即把存在广告舆论的中国社会同那些至今不存在广告舆论的地区去做出

---

① 蒋淑媛. 网络媒介社会功能论 [M]. 北京:新华出版社,2011:25.

比较，因为其中必然掺杂了更为复杂的影响系统，难以在研究中进行准确的剥离以创造出完全可控的研究空间。进行实证研究尚缺乏一些对于广告舆论的基础性认知，因此也不在方法选择的考虑范围内。

（1）以案例建构理论

探索式研究的一般思路是从经验到理论，本书选择案例建构理论为研究方法，将在设立理论假设的基础上，通过案例对广告舆论进行更为深入的考察，对框架进行修正的同时，寻找要素互动关系的线索，以完成理论的建构。但是，采用案例研究进行理论建构时，一个必须的步骤是说明理论建构比理论检验式的研究更适应于解决该研究问题。通常，研究者认为案例研究方法不够精确与客观，关键之处在于需要解释研究这个问题对于理论是至关重要的，不仅需要指出理论的矛盾之处，也需要明确现有理论并不能充分地解决问题。对该问题的回答，在上文中已多有体现，在此进行简单复述。首先，传播学中缺乏实际意义上的功能研究，既有的理论研究存在功能分析理论选取的不足、功能概念的混淆、缺乏合理利用视角等问题，无法满足传播学功能研究的现实需要，也局限了功能研究的意义与价值。其次，广告舆论社会功能的研究仍属于学者鲜有涉及的问题，研究成果多属于经验总结，缺乏依据，且对广告实践与社会效益的贡献受限。最后，广告舆论是一个新的概念，在系统层面并没有完善与合理的适用理论。缺乏系统研究，就无法满足进行广告舆论社会功能研究前对于广告舆论系统结构充分认知的需求。因而我们需要以案例建构理论，以更好地解决广告舆论社会功能研究的问题。

（2）以多案例重复验证与理论扩展

在案例研究中，也存在一些不同的路径，如单案例单层次研究、多案例单层次研究、单案例多层次研究和多案例多层次研究。因而，本书对本研究具体的方法选择也需要进行说明。

本研究将采用多案例研究法，"多案例研究是建立理论的一个非常有效的方法，因为这一研究方法能够实现单个案例研究之间的复制和扩展",① 这是对具有典型性的多个个案进行分析的研究方法，以形成对共性的全面而详尽的认知。

具体来说，多案例研究遵从的并非是抽样法则，而是与多元实验中的复制法则相似，通过重复性来考察是否会出现意外和关键性要素的改变，从而使理论的建立更为精确。每一个案例的筛选都是具有特定意图的，或者是可以产生同样结果，或者是由"可预知的原因而产生与前一项不同的结果"②，最终是为了通过重复性来体现结果的真实性与说服力。

（3）操作的具体步骤

a. 基于假设的分析

按照多案例研究方法的使用规范，案例研究前需要在文献综述与理论推导中初步得出初级系统层次与要素假设。在案例研究时，主要以重复性来进行理论检验，并在重复的过程中发现系统假设的不足之处以进行修正。因而，在案例分析阶段，将按照上文提供的要素假设的分析框架，对案例中广告舆论的形成进行剖析。

b. 备注内容

由于，该研究采用案例理论建构的研究方法，所以在案例分析过程中，不排除出现超越分析框架中所提供的新的结构性要素，并应极力发现新的结构性要素的存在。当新的结构性要素出现时，要对其进行编码，并深入讨论。确定其在系统结构中所属层次，若存在于已有层次中，则不进行单列。若无法归属于任何一个假设中的结构层次内，则单独列出，将推导过程进行详述，为实现理论建构做基础工作。

c. 研究工具

在进行质性数据收集的过程中，首先，通过广泛的网络信息搜

---

① 〔美〕李平，曹仰锋主编. 案例研究方法：理论与范例——凯瑟琳·艾森哈特论文集 [M]. 高旭东，张利平，译. 北京：北京大学出版社，2012：24.

② 〔美〕伯特·K. 殷. 案例研究：设计与方法 [M]. 周海涛，李永贤，李虔，译. 重庆：重庆大学出版社，2010：62.

索确定案例的基本架构，使用百度搜索引擎为工具，百度搜索引擎是"全球最大的中文搜索引擎，致力于让网民更便捷地获取信息，找到所求。百度超过千亿的中文网页数据库，可以瞬间找到相关的搜索结果"[①]；其次，使用新浪微舆情为网络信息抓取与收集的工具，据介绍，新浪微舆情是"中国最大的舆情服务平台，提供网页、微博、微信、电子报、视频等全媒体舆情监测方案，以及舆情事件分析、舆情简报制作，舆情日周月报自动发送、海外媒体监测……"[②]。通过两种信息检索与搜集工具，为案例研究提供足够的质性数据。

d. 研究总结

在全部案例分析结束后，要对所有案例进行总结，检验初步的系统假设中各项结构性要素的存在，对出现的新的结构性要素进行总结，找出共性，剔除特殊性要素，以补充至广告舆论的系统构成中，对系统层次及要素假设进行修正。同时，还需通过案例对广告舆论的形成过程进行研究，为社会功能的作用机制研究提供线索。

另一部分总结工作将在下章进行，即在系统要素的修正下，通过经验总结与理论推导，得出结构要素间的因果关系，总结出广告舆论的系统结构。

（4）案例筛选标准

广告舆论系统要素研究所需要的案例，筛选要求主要包含以下几个方面。

第一，案例中形成了明显的、可观察的广告舆论。本研究是对广告舆论社会功能的研究，因此，案例中要形成广告舆论，不对其他未形成广告舆论的案例进行关照。案例要满足上文中对广告舆论的概念界定：广告舆论是在广告传播过程中，经共同知觉人群互动、协调而产生的基于共同利益的整合性意见。首先，案例中存在一个明显的广告传播过程。其次，存在人群基于共同利益的思考。最后，

---

① 百度产品介绍［OL］.百度网. http://home.baidu.com/product/product.html.
② 新浪微舆情［OL］.新浪网. http://wyq.sina.com/login.shtml.

存在意见互动融合的过程。

第二，必须强调的是，案例筛选中并不考虑从商业角度出发的工具理性下广告的商业效果，如目标消费者是否产生或延续对品牌或产品的好感，目标消费者是否因此转化为实际的消费者购买行为等。仅选取明确存在广告舆论的案例进行分析，从而探析广告的社会功能。

第三，案例要具备分析的可实施性，即可获取的案例质性数据足以进行广告舆论系统结构分析。结合上文中的初级系统层次与要素假设，此处设定为案例中至少包含要素假设中所涉及的质性数据，不排除其他结构要素或结构层次的存在。

第四，案例具有典型性，对于案例研究中的案例选择标准，学者普遍认为"所需要的不是统计学意义上的代表性，而是质性研究所需要的典型性"。[1] 即无须考虑所选取的案例样本是否可以以一概全，案例必须符合上述三条案例筛选原则。

3.3.3 对功能发挥条件的分析：要素结构的确立与功能分析的基础

基于上文中的多案例研究，在重复性验证下，我们才能确定广告舆论系统的层次与构成要素。在要素确立后，需要对功能发挥条件进行分析，以确保要素的必要性。

因此在进行广告舆论社会功能的判定前，需要对广告舆论系统要素进行一个全面梳理，在AGIL理论的指导下，探索广告舆论系统的内在属性即其服务于必要的系统整合的条件，随后，结合具体要素的作用过程，我们才对广告舆论社会功能进行判断与阐释。

---

[1] 文军.当代社会学理论跨学科视野[M].北京：中国人民大学出版社，2016：147.

4 广告舆论系统的要素提炼

4.1 广告舆论系统的假设

4.1.1 广告舆论系统层次

从系统论来看，学者认为"信息－反馈"是舆论系统的一个基本属性，因而其基本组成部分是公众意见，并将之作为整个系统的唯一分析层次。[①] 从生态视角的舆论系统研究对该要素的解析更为透彻，学者们借用生态学的观点与理论进行研究，大多认同"舆论也是一种信息"[②]，所以公众意见的本质是舆论系统中的信息资源，是舆论系统中必不可少的核心要素。

随着传播环境的复杂化发展，舆论环境的分析维度首先被纳入舆论系统中来。学者认为环境既是舆论发生的起点，也是其归宿，环境作为舆论场向社会输入信息，在舆论主体的参与下输出舆论并作用于环境，形成新的舆论场。[③] 随后，舆论的参与主体有多元化发展，[④] 尤其是随着网络媒介的兴起，网民作为舆论的主体，其影响力随着被赋予的话语权而不断增强。同时，网民作为舆论主体，其角

[①] 刘肖，董子铭. 系统论视角下的舆论研究路径 [J]. 编辑之友，2015（10）：56－59.

[②] 晋艺菡. 生态视域下网络舆论危机的本质与危机鉴别 [J]. 湖北社会科学，2017（1）：189－194.

[③] 杜俊伟. 从典型著述看国外舆论研究——以10种舆论专著和最近5年的《舆论季刊》为例 [J]. 国际新闻界，2009（2）：46－50.

[④] 韩青芹. 网络舆论生态探讨 [J]. 西部广播电视，2014（5）：10.

色是经常互换的,上一秒钟的信息接受者,在下一秒就通过转发和评论成为信息的创造者或传递者。因而,舆论主体的重要性突显出来,成为另一个舆论系统中的重要层次。

王佳较早在生态学的范式下进行舆论系统研究,认为"网络舆论生态系统是一个以信息资源为核心,在一定的时间和空间范围内,由信息主体因素与环境因素构成的一个整体……由'信息资源'、'信息主体因素'和'信息环境因素'三部分构成",[①] 并结合网络舆论的特征,对三个层次中包含的系统要素进行了细化。网络舆论系统有其特殊性,但也具有一般舆论的共性,王佳的划分不仅对网络舆论进行了深入探讨,也较好地将舆论系统的关键要素做出划分。晋艺菡对舆论系统的形成、发展与运行机制进行了更为细致的与生态系统的类比与阐释,印证了将舆论系统划分为信息、主体、环境三个层次的合理性。[②] 这与社会学中功能分析的生物学类比不谋而合,为采用结构-功能理论分析广告舆论系统提供了参考。

有不同的声音认为:"舆论规则体系"也应该被纳入舆论系统中来。[③] 然而,舆论系统原本就是人工系统,人工环境是由"人类活动而形成的环境要素,是人类为不断提高物质和文化生活质量而创造的整个环境,包括由人工形成的物质、能量和精神产品,以及人类活动所形成的人与人之间的关系(上层建筑)等等。"[④] 因而,规则体系更应该被划分至环境因素中,只有在结合具体研究问题时,可以被当作关键要素进行分析。

广告舆论系统同样由信息、主体、环境三个部分组成,结合广

---

① 王佳. 网络舆论系统的构成与运行机制研究——基于生态学的视角[J]. 新闻界,2012(5):42-46.
② 晋艺菡. 生态视域下网络舆论危机的本质与危机鉴别[J]. 湖北社会科学,2017(1):189-194.
③ 谢金林. 网络舆论生态系统内在机理及其治理研究——以网络政治舆论为分析视角[J]. 上海行政学院学报,2013(4):90-101.
④ 海热提,王文兴. 生态环境评价、规划与管理[M]. 北京:中国环境科学出版社,2004:22.

告实际，应称为"广告信息主体""广告信息资源""广告信息环境"，分别对应于广告舆论结构要素的不同层次。但是，广告舆论具有特殊性，有着对舆论内涵外延的全方位发展，因而对于系统的分析应结合广告特征。广告信息作为形成的关键要素，是整个系统的核心，如前文所述，广告信息是结构化处理的具有劝服性的信息，区别于其他信息类型。同时，这里的信息主体并非指广告主，而是包含了广告主、广告创意方、受众等多个角色，从不同角度对信息内容进行信息编码与解码，进而影响舆论的形成。信息环境特指广告环境与舆论环境，主体与信息与环境共同作用形成广告舆论，下文将进行详细分析。

4.1.2 广告信息资源

（1）广告呈现的焦点问题

广告信息资源是作为广告舆论客体而存在的，在分析广告舆论客体时，着重强调了舆论主体取向与广告信息的建构两个方面，这意味着在进行广告信息资源分析时，必然要将信息与人群的共同知觉相联系。能够引发舆论的必然是不同寻常、违反常规的事件，包括超越一般人的能力水平、认知思想的新鲜事物，涉及人们的价值观与利益。社会印象研究的结果也发现，被试者能利用最少的信息，形成对被认知对象的统一且完整的社会印象，在这些信息中往往存在矛盾。结合广告信息来谈，这里的矛盾指向的是广告内容中呈现给受众的社会焦点问题。对问题是否符合主体的兴趣或与其切身利益相关的判断，可以从很大程度对是否可以引发广告舆论的形成做出预估。

张定红对人们对信息的刺激反应进行了研究，将信息按照马斯洛需求层级理论划分为三类：迫切的生理需求、非迫切的生理需求、精神需求，一般情况下，刺激程度从前往后逐渐降低。[①] 广告内容中

---

① 张定红. 效果研究：信息类型和传播效果史 [D]. 兰州大学，2012.

所呈现的焦点问题，必然存在性质差异，所对应的刺激程度不同，其引发受众关注与讨论的可能性大小不一，因而对广告舆论形成而言，是重要的结构要素。

（2）广告信息中的意见

如前文所述，广告对舆论既存在反映也存在建构的行为，在不同功能目的的指向下，代表舆论、传播舆论、利用舆论。作为反映舆论的广告信息，是指广告信息中要包含社会已有的舆论，已有共同意见由广告信息呈现。广告对舆论的建构是指广告信息中存在创新性的不同于社会已有或并非社会主流的意见，在互动中变得更为明确。两种行为的取舍主要依据广告主的需求与创意设计。但是，广告信息无论是对社会舆论的反映还是一种建构，均需要在广告内容中呈现出明显的意见。因此，作为广告舆论形成中必然包含的部分，信息中的意见必须被纳入系统结构要素中。

4.1.3 广告信息主体

我国广告业发展日新月异，面临着从广告、广告形态到广告运作流程等多方面的变革，这也影响了广告产业链，进而改变广告信息主体。作为广告舆论研究的重要组成部分，新的广告业态在广告舆论中所扮演的角色和广告业发展对广告舆论的影响，尚没有成系统的描述，在此需要结合以往的结论与广告业现实，进行探索式的说明。既往的研究通常将广告主体概括为广告主、广告公司、媒介、受众四个主体。但是，在技术影响下，数据公司成为产业链中不能缺失的一环，在此也纳入广告信息主体中。广告信息主体包含了所有参与至广告舆论形成过程中的个体，包括广告主、广告公司、数据公司、媒介与受众。

（1）广告主

广告舆论的起点通常在于广告主的需求，因而，广告主极大地影响了广告舆论的发展。首先，广告主的需求大致可以被划分为三种：销售商品或服务、塑造品牌、改变态度与行为，分别对应于商业广告与公益广告，作为产业链的上游，是信息的基本导向。其次，广告主的既往公众形象一定程度影响了舆论的走向。如长久以来以质量与服务征服广大消费者的品牌必然更加容易获得人群的偏向。另外，杨海军教授在研究广告舆论传播时指出广告舆论的形成有三个层次，其中排在首位的就是广告主在特定媒体上高密度向受众强势传播自身创造的观念、发起的说辞来形成导向意见。同时，广告主也要与受众进行充分沟通，达成一定认同。他指出，"广告主的舆论传播对受众意见的形成具有直接的决定作用"[①]，也肯定了广告主对于制造舆论的强势地位。

（2）广告公司

从狭隘的视角来看，广告舆论的起点是广告作品，区别于以真实性、客观性为第一准则的新闻等其他信息类型，广告既是科学，又是艺术。作为艺术的广告，其表达方式必然会极大地影响信息传达。同时，广告信息是具有劝服性的信息，劝服性也表现于广告的表达方式中，语言的运用、画面的设置、背景音乐的选取等多个表达途径都可以成为影响劝服的因素，既决定了对大众的吸引程度，也影响了劝服的效果。

从广义来看，广告舆论的起点是广告信息中包含的意见，在共同知觉人群的互动与协调中逐渐转化为共识，但是广告舆论并非一种基于一定范围内的成员的自我组织与调节而形成的舆论，而是有明确的主客体，目的在于系统的控制，存在"社会运行的自觉把握和导向"[②]的过程。这意味着广告活动在意见传播中起到了控制与调节的作用。

（3）数据公司

麦克卢汉曾说："一种新的媒介一旦出现，无论它传递的是什么讯息内容，这种媒介本身就会引起人类社会生活的变化，引起社会

---

① 杨海军. 广告舆论传播研究［D］. 复旦大学，2011.
② 吕文凯. 舆论学简明教程［M］. 郑州：郑州大学出版社，2008：66.

结构的变化。"① 在互联网时代，专家反复强调"不懂互联网就不懂广告"，新的广告运作形态被不断催生，现代广告的发展使得在讨论广告舆论时，传播过程甚至可能不再能包含舆论产生的整个过程。搜索引擎精准营销、实时竞价广告、再锁定精准广告等新的广告营销形式彻底改变了广告业的格局。广告的动态发展变化为广告舆论的把握带来了新问题。

在数字传播时代的背景下，广告产业发生结构性变动，尽管营销传播的作业流程依然包括策略、创意和发布，但是传统广告人的工作分工变得越发模糊。"广告和公关的边界，广告和品牌咨询服务的边界，广告和营销公司的边界都被打破了"，② 这是广告舆论的地位提升与广告舆论广泛存在的根本原因。

（4）媒介

哈贝马斯在论及报刊功能变化时，认为在第三阶段，报刊变成了广告性功能的宣传工具，这说明广告舆论是影响媒介的。同时，这种影响是双向的，广告舆论虽然是被制造出的舆论，却不会脱离社会现实，某种程度仍是对现实环境的一种反映。面对这种"不可触及、不可见、不可思议"③ 的现实，媒介就承担了提供感受环境的间接方式。

施拉姆曾在多个研究中表明了对于媒介宣传的畏惧，认为当某种意见与观点垄断了传播渠道，则这种影响相当巨大，其所指的是媒介作为传播载体对于舆论形成的影响力。刘建明教授认为广告对舆论制造的重大影响表现为，重复传递使情绪持续增长，广泛传播引导公共认知。这是对媒介在广告舆论系统中作用的阐释，分为强化与泛化两个方面。④ 杨海军教授同样对媒介传播进行了强调，提出

---

① 宫承波，翁立伟. 我国新媒体产业模式创新思路探析 [J]. 当代传播，2012 (3)：56 – 59.
② 肖明超. 广告公司巨变的时代 [J]. 声屏世界·广告人，2014 (5)：41 – 42.
③ 李彬. 传播学引论 [M]. 北京：新华出版社，1998：149.
④ 刘建明. 天理民心——当代中国的社会舆论问题 [M]. 北京：今日中国出版社，1999.

"瀑布倾泻式"的广告舆论形成模式，如前文提到多伊彻提出的"瀑布模型"，用以解释强行灌输、倾泻式传播的舆论情况。这种模式用以比喻集权制度下领袖向公众进行的舆论倾斜，广告主并不存在这种强大的领导力，却可以通过媒介控制与广告内容的结构化表现使该种模式成为可能。如，对强势媒介的控制，高强度、密度的广告传播，均是对受众进行瀑布倾泻式的舆论轰炸。[1]

同时，媒介自身也承担了舆论引导和舆论监督的职能，尤以新闻媒介为代表。如前文所述，基于媒介的职能与责任，媒介也对广告舆论进行监督审查与引导。因而，媒介环境对于广告舆论的形成具有巨大的影响作用，是在进行广告舆论研究时必须注意的关键性因素。

（5）受众

受众是广告信息主体中不可或缺的要素。如前文所述，广告舆论带有明显的意图性与达成劝服的目的，可以借鉴的是竹内郁郎提出的"舆论操纵模式"。该模式认为舆论系统中存在"立体型的认知"[2]，是指操纵者对于受众的全方位了解与认知，也符合现代广告注重市场分析与消费者心理的特点。杨海军教授同样对受众互动沟通环节在广告舆论形成中的位置进行了确认，他认为现阶段的广告信息传播具有"受众为本"的意识与逻辑。[3]

同时，受众会基于自身文化观念、价值判断与消费认知对广告信息甄别。最后，由于互动在广告舆论形成中的重要作用，受众的卷入度极大地影响了意见整合。

4.1.4 广告信息环境

研究社会环境对于理解广告舆论具有双重意义。首先，人类的思想与行为很大程度上是在进化过程中对于社会环境的适应。其次，

---

[1] 杨海军．广告舆论传播研究［D］．复旦大学，2011．
[2] ［日］竹内郁郎．大众传播社会学［M］．张国良，译．上海：复旦大学出版社，1989：174－176．
[3] 杨海军．广告舆论传播研究［D］．复旦大学，2011．

作为广告舆论的主体与社会的组成部分，人们每时每刻都在与社会环境进行互动。① 社会环境是"人类通过长期有意识的社会劳动，加工和改造的自然物质、创造的物质生产体系、积累的物质文化等所形成的环境体系"。② 系统间的差别是对环境适应的结果，因此，广告舆论系统也应对信息环境进行考虑。值得注意的是，本书进行广告舆论研究的一个目的在于正视中国广告的发展问题，如同拉扎斯菲尔德在研究大众媒介的社会功能时，将社会结构作为重要的影响要素，认为其造成了大众媒介在不同社会结构中社会功能的差异。本书的研究必然只将目标集中于中国社会本身，因而要关注广告舆论在中国的舆论环境。信息环境主要分为硬环境与软环境两类：硬环境主要指的是在一定阶段内静态的发展现状，软环境指的是动态变化中的中国社会环境。

（1）硬环境

王佳在分析网络舆论环境时将之定义为物质技术环境，"包括各种信息基础设施硬件和相关的技术因素"。③ 并结合网络舆论的特征事实，分为硬件环境，（如计算机、移动通信设备的普及与互联网接入等）与技术环境（如信息挖掘技术、信息安全技术等）两方面。

对应于广告舆论系统，我们不能简单地将硬件环境理解为电视机、手机、互联网等信息接收设施。广告传播与普通的信息传播存在差异，作为一门科学，广告投放讲求策略，即目标受众，即便广告舆论的主体是共同知觉人群，但是广告活动本身的特性决定了其硬件环境。传播过程中覆盖范围人群的扩张，如前文所述是由无法预计的传播路径所引发，是一种人群的自觉行为。本质上，影响广告传播活动的物质基础主要指广告主的资金支持，优秀的广告创意与合理的广告投放组合都离不开广告主的资金支持，是广告传播得

---

① 韩晓燕，朱晨海. 人类行为与社会环境 [M]. 上海：上海人民出版社，2009：5.
② 王新建. 人类行为与社会环境 [M]. 天津：天津人民出版社，2008：3.
③ 王佳. 网络舆论系统的构成与运行机制研究——基于生态学的视角 [J]. 新闻界，2012（5）：42-46.

以实现的基础。

广告的技术环境包含广告技术与媒介技术两个方面。广告技术日新月异，不仅改变了广告内容的呈现方式也极大影响受众的互动体验。如可口可乐品牌就是广告技术的拥戴者，拥抱可乐机的案例中，品牌通过技术手段实现了大学校园内，学生通过拥抱机器即可获得一瓶免费可乐饮料的体验，受到体验者的好评。体验者自发地将体验感受发布至社交媒体的同时，可口可乐公司选取了一些参与者的互动过程，制作为广告视频在媒体平台进行传播。媒介技术为意见的交流与互动提供平台，也直接影响人群的互动体验。在互联网诞生初期，留言、评论、转发等技术尚不成熟，意见的互动较之今日并不频繁。但是网络媒介在互联网技术之上创造了"相对于现实世界而存在的人类精神交往的第二世界"，[1] 随着技术的不断进步，有学者对2014年的中国网络舆论生态环境进行了探究，认为微博、微信、微视频和客户端成为中国舆论的新战场。[2] 因此，媒介技术也是重要的技术环境要素。

（2）软环境

软环境实际上指的是舆论的社会环境，即刘建明教授提出的"舆论场"概念。社会环境包括诸多方面，常见的政治、经济、文化、法律、历史等，都与舆论的形成紧密相连。学者李勇、彭鹏认为政府执政理念和公民的民主意识将很大程度地影响舆论，媒介分层造成了话语权的垄断，处于社会转型期的中国文化景观虽造就了前所未有的文化冲突，社会主义和谐文化的构建也在给和谐的舆论制造了温床。[3] 然而，这些切入角度无法对应于实际的广告舆论问题，针对广告内容的差异，这种分类的方式难以成为系统内具有共

---

[1] 李鸿, 李金翔. 对"第四媒介说"的质疑 [J]. 新闻传播, 2002 (12): 54-55.
[2] 张树庭, 李未柠, 孔清溪. 中国开始进入互联网"新常态"——2014中国网络舆论生态环境研究报告 [J]. 现代传播（中国传媒大学学报）, 2015 (3): 1-9.
[3] 李勇, 彭鹏. 社会转型期的中国网络舆论生态环境 [J]. 新闻爱好者, 2010 (21): 4-5.

性的中观要素。每一则广告信息的内容均存在差异，如，若硬要将苹果手机与历史相联系则如同对牛弹琴。

康荫指出了阶级意志在意见融合中的重要作用，认为舆论的社会性反映的是阶级倾向性，讨论过程中对于意见的综合就代表了某一阶级的思想观点和政治主张。[①] 从社会道德层面来看，由于网络媒介的公共性、匿名性和人类本身的利他主义动机和自我表现动机，网络虚拟社会生态系统中，道德的标准和道德氛围与现实社会多有不同。但是社会主流思想的影响力是不变的，主流思想就是对阶级倾向性的一种更为宏观的表述，因而也要作为进一步讨论的因素。

广告舆论系统中所指的受众在广告概念的发展下，更应称为"生活者"，是在广告传播过程中形成的临时群体，指"在某个公共议题下源自个人认知、态度等因素的激发，而自发聚集形成的一类临时性群体。这类群体结构松散，群体构成成分复杂，群体内异质性高，同时在群体规模上随意度比较大"。[②] 受众在社会现实中扮演社会角色，因而其关注的焦点和态度存在个性化与同质化两种截然相反却并存的特征。同质化时，群体容易出现极化倾向，"团体成员一开始即有某些偏向，在商议后，人们朝偏向的方向继续移动，最后形成极端的观点"。[③] 意见越繁杂越个性化，整合的过程越漫长。如果意见过于复杂多样，则不一定会形成广告舆论。因此，对于该问题的判断，主要基于信息在社会环境下的可讨论性。

杨海军教授在总结广告舆论形成模式时，生动形象地提出了"爆米花式"的舆论形成态势，这种模式强调了舆论形成中广告监管的重要作用，比喻舆论的形成就像在密闭空间里由外部加温引爆的爆米花。该模式形成的舆论主要旨在进行社会监督、舆论引导、清除谣言。因此相关规制是广告舆论系统中显著的软环境。于2015年9月1日公布实施的新修订的《中华人民共和国广告法》，一定程度

---

① 康荫. 新闻概论［M］. 北京：北京广播学院出版社，1991，197.
② 贺坤. 传播学视阈下网络群体极化研究［D］. 辽宁大学，2011.
③ 〔美〕桑斯坦. 网络共和国［M］. 黄维明，译. 上海：上海人民出版社，2003.

更为明确地规定了广告主、广告公司与媒介的权利与义务。如总则第三条:"广告应当真实、合法,以健康的表现形式表达广告内容,符合社会主义精神文明建设和弘扬中华民族优秀传统文化的要求"。第九条:广告不得有下列情形:"(七)妨碍社会公共秩序或者违背社会良好风尚;(八)含有淫秽、色情、赌博、迷信、恐怖、暴力的内容;(九)含有民族、种族、宗教、性别歧视的内容"。第十条:"广告不得损害未成年人和残疾人的身心健康"等。① 这些广告法律条文直接表达了对广告传播内容所传递的思想方向和信息真实性等要求。现实中,违反广告规制的广告传播,必然引致不良后果,或损害消费者权益,或存在价值观误导,或招致受众对广告传播的批判性舆论。

基于对广告信息环境的分层,对于广告舆论的系统层次的假设,本书将其分为广告信息资源、广告信息主体、广告信息硬环境和广告信息软环境四个部分。具体的系统层次要素假设如表4-1。

表4-1 广告舆论系统层次要素假设

层次	要素
广告信息资源 A	问题 A1
	意见 A2
广告信息主体 B	广告主 B1
	广告公司 B2
	媒介 B3
	数据公司 B4
	受众 B5
广告信息硬环境 C	资金支持 C1
	广告技术 C2
	媒介技术 C3

---

① 中华人民共和国广告法 [EB/OL]. 中国政府网, http://www.gov.cn/zhengce/2015-04/25/content_2853642.htm.

续表

层次	要素
广告信息软环境 D	主流思想 D1
	可讨论性 D2
	相关规制 D3

4.2 案例研究设计

进行探索式研究的一般思路是从经验到理论，广告舆论是一种特殊的舆论，本书在对其系统进行界定后，提出了一套分析框架，即初级系统层次与要素假设。广告舆论的形成虽然受到多重要素影响，但是系统要素的设定是否科学合理，需要得到如上文所述的质性数据的检验。同时，针对研究问题，还需要对要素间的互动关系进行说明，为因果关系的阐释进行补充。本章要在分析框架基础上，通过案例对广告舆论进行更为深入的考察，对框架进行修正的同时，寻找要素互动关系的线索。为保证研究的合理性与规范性，本章需要先对具体案例筛选等相关问题进行详细说明。

4.2.1 案例选择说明

由于本研究主要针对广告舆论的社会功能问题，因而选择的是已形成广告舆论的案例。本书选取的案例均符合第三章中提出的案例筛选原则，同时也考虑到案例的代表性问题。本研究共选取三则广告舆论案例：一则商业广告、一则公益广告，因为商业广告是广告传播活动中最庞大的支流，而"公益广告成为推动社会主义精神文明建设中不可忽视的舆论力量"。[1] 因此，各选择一个案例可以保证案例研究包含我国现有的所有广告类型，即便不能体现出统计学意义上的代表性，但却可以保证案例选取中不存在类型的缺失。另

---

[1] 潘泽宏. 电视公益广告与当今伦理学 [J]. 电视研究, 1997 (4): 29-31.

外选取一则广告评价及消费舆论类的广告舆论案例,是针对上文中以前学者认定的广告舆论概念对案例进行的筛选。一方面探索其与普通类型的广告舆论间的相同与差异之处,一方面也可以更为全面地对广告舆论系统进行分析。下面对三则案例进行详细说明。

(1) 商业广告

首先,在进行分析前,通过初步判断,已确认SK-Ⅱ《她最后去了相亲角》商业广告传播案例具有典型性,即符合上述案例筛选标准。同时,其涉及的女性品牌与女性话题,也是商业广告中极为常见的广告内容。女性作为商业消费的主力军,是广告主要考虑的重要受众。其次,女性话题是众多品牌选取的有较长投放历史的广告内容之一,如多芬、潘婷、强生等多个品牌将女性话题长期作为品牌广告的主题。另外,该案例中所涉及的话题具有中国特色,对研究广告舆论之于中国广告行业的发展具有重要参考价值。

(2) 公益广告

公益广告选取较为少见但极有发展性与典型性的政党广告。首先,在新中国成立后,以政党为内容的公益广告极少,该则广告成功地吸引了广泛关注,在2016年成为被热议的广告作品,值得对其内容进行分析。其次,该广告不仅引发广告舆论的形成,广告中的语言成为风靡一时的流行语,从广告效果的角度来讲,可谓十分成功。

(3) 广告评价及消费舆论类广告

在案例筛选过程中可知,广告评价类广告舆论的产生通常与广告批评相联系,这是受众对广告侵害公众利益的一种应激反应。能够引起受众评价欲望的优秀广告作品也同样与公共利益紧密相关,如同前两则广告案例中,广告内容所涉及的是社会性话题。尤其是商业广告,受到良好评价并能在大范围内引起讨论的广告内容往往并不涉及产品或服务本身,更倾向于通过倡导,为品牌发展构建内外部良好氛围与舆论环境。

据可观察到的案例,消费舆论性质的广告舆论并不常见,由观察过程推测,原因主要在于以常见的广告传播引起广泛的对于商品或服务的评价是极难实现的,测评类信息的传播更有利于刺激潜在消费者向实际消费者的转化,而非激发更大范围内人群对商品或服务分享评论。即便在互联网环境中,人群的分享欲望被激发,品牌也使用各种激励手段刺激人群进行消费体验的分享,但是,体验的评论、分享往往与广告传播间存在时间间隔,尤其是对于需要长期体验的商品或服务。符合案例筛选标准的案例主要是护肤品、快消品等。

本研究选取了 2016 年在社交媒体上被广泛传播的 YSL – 星辰口红作为分析对象,以切实探索该类广告舆论的特征。同时,案例中也包含共同知觉人群对其商品的广告传播的广告评价,可以作为广告评价与消费舆论的共同代表案例。

4.2.2 设计质量

研究的设计并不是空穴来风,必须呈现出符合逻辑的陈述,因而也需要对设计质量进行判别。通常,在进行案例研究时,对研究质量的评定,也需要采用实证性研究的检验标准。本书的研究设计质量,根据罗伯特·K.殷的案例研究指导,通过以下几个方面得到保证。

(1) 建构效度,是指需要对被研究概念形成正确、可操作且成体系的指标,具体操作时通常采用多元证据并形成证据链。该步骤已在上一章完成,建立了可操作的体系指标作为初级系统层次与要素假设,为案例研究提供分析框架。

(2) 内在效度,只被用于解释性与因果性的案例研究中,需要在错综复杂的现象中寻找到因果联系,这需要研究者进行模式匹配,并将竞争性解释纳入分析当中。该效度将在本章中得到体现,基于上一章中所进行的初级系统层次与要素假设,本章将在案例研究的具体分析过程中纳入竞争性解释,并做出比较与扬弃,以拓展与完善分析框架,为修正理论提供更多证据。

（3）外在效度，是指研究结果的可推广性，这需要研究者先以理论指导单案例研究，并使用重复的方法继续更多的案例研究。本书所选取的多案例研究选择就是采用重复验证的方式来进行案例研究，因此可以保证外在效度得以实现。

（4）信度，主要表明研究中的步骤均具有可重复操作性，并在重复后能得出相同结果，这要求在研究时建立案例研究的草案与资料库。由于上文中已对案例研究的设计进行了详细的说明，且在每一个案例分析后均进行总结与分析框架的调整，因此可以确保研究的可重复操作性。

4.3 案例一：SK-Ⅱ《她最后去了相亲角》

SK-Ⅱ《她最后去了相亲角》广告不仅从塑造广告舆论的角度来讲是成功的，并且据 SK-Ⅱ 全球总裁 Markus Strobel 在接受彭博社采访时称："该品牌的中国销售在广告推出后的 2016 年 4—12 月的 9 个月销售暴涨 50%。"①

广告片内容一击即中了城市大龄单身女性的痛点，引发了广泛地转发和讨论。多方意见在复合式的传播中不断碰撞与整合，形成了女性要独立而自由的生活，要追逐爱情的广告舆论。舆论意见与广告信息中传达的意见基本一致，并在讨论中不断完善。共同知觉人群促进社会正确对待城市大龄单身女性的考虑，对于独立、自由的生活方式，追逐爱情的方式与尺度等问题进行了更为深入地分析。

4.3.1 广告信息资源 A

作为一部长度可以睥睨微电影的广告视频，如同任何剧本一样具有开端、发展、转折、高潮与结尾五个部分，因而对广告视频内

---

① 史黛拉. SK-Ⅱ相亲角广告刺激中国销售暴涨 50%. [N/OL]. 人民网. http://lady.people.com.cn/n1/2017/0208/c1014-29064869.html.

容的分析，采用此切片方法，见表4-2。

表4-2 SK-II《她最后去了相亲角》视频广告切片

编号	切片	画面内容	声音	字幕或画面文字
（1）	开端	呈现了大龄未婚女性在生活中遇到的歧视与困境，归结为一个标签"剩女"之上，这些普通的女性角色带有共同的特征：向往爱情，独立而优秀	"不是小孩子啦"；"把自己嫁出去"；"你一天不结婚父亲就不死"；"不要任性"；"可怜天下父母心"；"漫无目的"；"挑来挑去的，哪个也不合适"；"你现在已经是剩女了"；"剩女这个词给人的感觉就是剩下来的女人"；"给我感觉就是说其实好像25岁以后还不结婚就是剩女了"；"可能会被别人说，或者被家人催，或者有些社会的压力吧。所以过年回家是压力最大的，因为全部人都会在问你"；"你都多大啦"；"还没结婚呐"；"你年龄也不小啦"；"他们觉得在中国这个社会，你一定要结婚，那样才是一个完整的女人"；"你还在城外的感觉"	
（2）	发展	父母的逼迫，最终使得这些女性在"孝"与"自我"的衡量中选择了前者，在父母的期望中前往人民公园的相亲角，悬挂征婚广告	"以前谈对象简单，那就已经结婚了"；"我个人认为我不太喜欢人民广场的相亲角，可能都是父母拿了一个女儿或者儿子的介绍，然后放在那边"；"收入啊，工作是什么样子哒，有没有房子，有没有车子，挂个招商启示给卖出去那种"；"中国，中华儿女嘛，就是孝为当先，反正不结婚肯定就是不孝的一种"；"以前我总认为我的女儿肯定性格好么，人也不是长得太漂亮，一般	她们决定前往人民广场的相亲角；只为了把真实的想法传达给父母

续表

编号	切片	画面内容	声音	字幕或画面文字
			嘛,所以到现在还是剩下来了";"渴望真爱,对,我还是很渴望爱情的";"赶快把它解决好了算了吧,也不要太残忍了啊";"也许想要放弃找个自己喜欢的,适合的也挺好";"你说,要真正找不到,也是我们老俩口一个心病";"可能这方面我比较自私,我想跟他们说对不起";"我希望我这样的一个状态,非常能得到父母的认可"	
(3)	转折	父母看到了女儿的自我介绍与内心对生活、婚姻的追求	"然后,我就算一个人,就是幸福、快乐、自信的,然后好好过";"后来想开了,就是说我说剩女,那我工作强了,现在有女强人嘛这么一说的话"	我不想为结婚而结婚,那并不会过得快乐
(4)	高潮	父母发自内心的转变了态度,认同女儿的选择。不再逼婚。实现两代人的理解与和解	"直到等到那个对的人,妈妈永远支持你";"对于自己生活这件事,我是很开心的,然后很自由,我也享受一个人的状态";"我女儿很美,剩女很光荣啊";"独立着也一个人活得很精彩,这就是我想";"她如果觉得单身的也蛮好,我们还是会尊重她的";"是优秀的女孩啊,剩男要努力啊"	
(5)	结尾	总结出这些城市大龄单身女性对自己的定位与评价	"自信,独立,热爱生活,不错的一位女性"	别让压力左右你的未来;分享影片,支持全世界的独立女性#改写命运#

(1) 问题 A1

本案例中呈现的问题迎合了社会焦点话题,视频选取了一个容易吸引注意力的题材,视频名称"她最后去了相亲角"直接将受众的注意力引向了中国现实社会中颇受关注的问题：婚姻与家庭。同时，视频内容选取了极受热议，且具有中国特色的社会话题——"剩女"，两者的结合如同催化反应，一触即发地吸引了广阔的受众参与，关注、转发、评论的不仅有内容直接涉及的城市大龄单身女性，也有其他年龄层次甚至已婚女性发表意见，父母和男性均一定程度进行互动。

（2）意见 A2

视频内容中带有明确态度与意见，这是视频的主要价值所在。该案例中，主要以该类女性的自我剖析传递出视频持有的态度与意见，认为通常这样被戏谑的女性是"自信，独立，热爱生活，不错的一位女性"；她们对于单身的感悟是"我就算一个人，就是幸福、快乐、自信的，然后好好过"；对于婚姻，她们秉承着"我不想为结婚而结婚，那并不会过得快乐"，"渴望真爱"，并且希望"这样的一个状态，非常能得到父母的认可"。在结尾处，视频以字幕的方式对视频的主要意图进行总结：别让压力左右你的未来，支持全世界的独立女性改写命运。旨在鼓励中国女性勇敢地说出自己的生活主张，捍卫中国女性自由选择生活方式的权利。

共同知觉人群被视频中表达态度与意见的句式或者呼吁带入情感，形成共鸣。一些人认为自己就是这样自由的人，不依赖爱情和婚姻。另一种群体却讨厌自己被这样打上标签，她们否认自己是"剩女"，更不认同"剩女光荣"这种口号。但是在传播的最初阶段，无论人群持有哪种态度，均直接指向视频中的意见。后期形成的广告舆论是在这种意见探讨之上进行的深度和广度上的拓展。片尾号召受众分享视频，为后续传播作铺垫。但是，作为视频结尾的点睛之笔"别让压力左右你的未来"；"支持全世界的独立女性改写命运"，却没有同视频中呈现的内容一般受到重视，这意味着视频内容中标明的广告意见没有与品牌主题活动构建起显明的勾连，与品牌主题活动的契合度较低。

4.3.2 广告信息主体 B

（1）广告主 B1

广告主为 SK-Ⅱ，是知名日本护肤品品牌，以独家专利组合成分 Pitera™ 享誉市场。在此广告活动前，SK-Ⅱ已是享誉国际的知名品牌，基于以往的品牌形象建构基础，人们普遍认为这是一个较为高端的品牌，因而对其消费者通常带有属于较高社会阶层的认知。因而在广告传播的过程中，存在一类互动人群，她们的关注焦点不在广告内容所引发的话题之上，而是依托高端品牌，跟着呐喊，认为是对其社会身份与道德的一种彰显。

2015 年 SK-Ⅱ在全球范围内发起"改写命运"活动，鼓励全球更多女性勇敢追寻梦想，改写自己的人生命运。此后，品牌营销活动均在此主题下进行。活动首先邀请品牌代言人汤唯主演改写命运视频，向命运宣誓，号召亚洲女性一起感受焕变力量；2016 年 1 月 15 日，SK-Ⅱ在中国区官方正式发布"改写命运——对话奥斯卡影后凯特·布兰切特"大片；在 2016 年年初，SK-Ⅱ展开了一项名为"全球梦想指数调查"的活动，据该调查显示，全球有半数女性放弃梦想，"对梦想的渴望会随着年龄的增长而逐渐凋零"。于是，品牌制作了以孩子为主角的视频来帮助大人重拾梦想。但是，这些以正面诉说进行引导的广告活动与视频的效果并不理想，没有引起广泛的关注。可能是基于此原因，该广告选择了"剩女"这一带有负面效果的词语作为主题，以吸引受众。

（2）广告公司 B2

该广告并非由单个广告公司完成，广告的创意、策划与执行是由李奥贝纳公司承担，而视频中"相亲角"场景的设计与制作则由瑞典的一家创意机构 Forsman & Bodenforsa 所完成。

从表达方式来讲，视频放弃了普通广告片小情景的叙事路径，以独白、日常生活画面的切换、简单的互动场景为叙事方式，直接呈现城市大龄单身女性的尴尬处境，运用各种镜头与人物话语合理搭配，以表明这就是每个人身边正在发生的事实。如片头画面展示了女性人物从幼年至成年的照片，叠加父母的话语如："你一天不结婚父亲就不死"，"不要任性"，"可怜天下父母心"等，以回忆的方式试图勾起观者的成长回忆，并通过父母话语引起受众对这些女性的共情。而后，以这些女性在城市中的日常生活画面，每个在城市中生活的人都熟悉的场景，结合她们自己的独白，如"可能会被别人说，或者被家人催，或者有些社会的压力吧。所以过年回家是压力最大的，因为全部人都会在问你"，来展现这些女性的内心感受，并插入一些纯白背景的采访画面，给人以真情实感的观看感受。

其中，并不排斥将带有过激性、贬损性质的语句的使用，如"他们觉得在中国这个社会，你一定要结婚，那样才是一个完整的女人"，"以前我总认为我的女儿肯定性格好么，人也不是长得太漂亮，一般嘛，所以到现在还是剩下来了"。尽管这种表述经过了柔和的处理，却同样可以表达背后隐含的这一群体所处的境遇。结合这群女性略显屈辱、面对现状委屈流泪、女性父母忧心忡忡与无奈的面部表情，使得视频对问题的呈现非常有效。

除了进行了广告视频的创意与制作，从广告传播角度，李奥贝纳公司也有着综合的考虑。视频的传播路径不是线性的，存在一对多、多对一、多对多的复合式传播路径。下文在媒介部分将详细解释所有的传播方式，各种传播媒介逐一加入传播模式中，共同作用于广告舆论的形成。同时，也采用线上结合线下的模式，4月29日品牌方在上海外滩三号举办"SK-II#改写命运#主题艺术展"，对该活动开启以来所收集与发表的普通人的故事，用不同的艺术表现来将根植于网络端虚拟世界的广告传播延伸至现实社会中。展览免费向公众开放，进一步引导人群深入探讨女性独立的话题，以鼓励中国女性不受压力的影响，真正开启改变，掌握自己的命运，走出别具一格的人生道路。

Forsman & Bodenforsa 担任了广告视频中的相亲角场景的设计方，这不仅在视频中起到了点睛的作用，也在视频拍摄过程中，以优秀的展览设计使得切实参与到相亲角活动中的所有人收获到耳目一新的体验。首先,原本嘈杂无序,仿如集市的相亲角被精心布置,使每一个走入的人都有睥睨艺术展览的观感。其次,精致的女性照片与精美的展示框替代了以往如墙贴小广告般的信息介绍。最后,原本的个人介绍信息,如身高、体重、收入、工作、房车等信息,被参加活动女性的个性介绍与婚恋观念替代。该设计的呈现方式,充分展现出每一位活动参与女性的个性之美,摒弃了既往相亲活动中被女性所鄙夷的商业出售感,这不仅是对参展女性的尊重,也使其父母重新认识女儿,为两代人的互相理解提供了平台与途径。

(3) 媒介 B3

如上文所述,对于广告传播,执行公司积极推动复合式传播路径的实现,其中不乏媒介与共同知觉人群的合力。以历时性进行分析,传播主要通过以下几种媒介。

①以优酷视频网站发布广告视频。该广告并没有由传统媒体或品牌官方网络平台推出,而是悄无声息地在优酷视频网站上公开发布。广告推广是否与优酷平台达成推荐合作无从获知,但可以肯定的是优酷作为视频网站中流量排名第一的平台,广告可以借助网站强大的传播力实现内容的曝光。②微博、微信转发。使用新浪微舆情对事件进行网络传播信息抓取,最早的二级传播信息来源于4月6日9点,微信公众号"咸鱼与大海"发布文章《除了社会尊重,更要给彼此同理和支持 | 做安全独立勇敢的女性》。③微博大号与微信公众号对视频进行转发分享。后续报道主要来源于新浪微博、微信、新浪博客、今日头条、优酷视频等几大站点。④品牌官方微博公布。在微博、微信广泛传播该视频的情况下,品牌方以"大获好评"为主旨在官方微博进行视频发布,一方面争取已关注该品牌的粉丝,拓展广告视频的受众,同时也为形成共同意见做出努力。⑤其他网站、自媒体发布评论文章。随后,更大范围的传播持续进行,这些网站与自媒体均以"刷爆朋友圈""被转疯了"等描述作为文章开篇对该广告的介绍。⑥登上电视节目。随后,相关话题登陆了国内

大热的知名脱口秀《金星秀》舞台，在主持人金星中肯的点评和正能量满满的建议下，"改写命运"跳出网络，被更多的观众朋友认可和熟知。⑦外国媒体介入。虽然是一则在中国投放的广告视频，也一定程度地吸引了外媒，是否为公关新闻不得而知。如华盛顿邮报世界评论版发布的《被疯转的视频：未婚亚洲女性并非"剩女"》文章，新西兰媒体 Stuff 刊登的《中国单身女性反击"剩女"标签》文章等，同时在国外的社交平台上引起一定轰动。

（4）数据公司 B4

据可观察部分显示，数据公司的参与主要在传播后期，以发布评论性文章为标志。评论文章中除了对广告视频的内容与观点进行解读，同时也对广告的传播数据进行总结，以"30 分钟过 20 万""优酷播放总量超过 200 万""微博总量超过 19 万""微信公众号文章超过 1900 篇"等数据对热议程度进行证明。根据 Kantar Media CIC 的监测，在这部广告片上线后的七天之内共被超过四百个微信公众号引用，产生阅读数为 350 多万次；在新浪微博上，该视频广告被近 15000 条微博提及，被转发数量达 12 万次以上；在优酷上，这个视频被播放了 210 多万次。另外，也有数据公司公布了对随机抽取的 5000 多名网络用户的调查，得出"89.8% 共鸣认可""持认可态度的受众中女性占绝大多数"等结论来反映意见的统一性。

（5）受众 B5

据新浪微舆情的全网事件监控显示，最早的二级传播信息来源于 4 月 6 日 9 点的微信公众号"咸鱼与大海"的文章《除了社会尊重，更要给彼此同理和支持 | 做安全独立勇敢的女性》，文章称，朋友圈被 SK－Ⅱ 最新大片《她最后去了相亲角》刷屏，可见第一批视频受众已开始主动进行广告转发分享行为。同样，通过微博舆情监控，第一条与该广告相关的微博来自普通用户，可能算是微博传播的源头。受众主动参与微博、微信转发。

（6）意见领袖 B6

意见领袖没有被纳入前文的系统假设中，但在该案例中，SK－

Ⅱ品牌方在广告传播的后期，协同《时尚芭莎》杂志，邀请诸多名人，如演员王鸥、蒋欣，女性心理学家黄菡，洛杉矶前副市长陈愉等不同领域的杰出女性，为"改写命运"拍摄致谢短片，为广告助力。来自社会各界的优秀女性以意见领袖的身份，对广大共同知觉人群进行号召，将该话题不断延续，形成一个持续的传播过程。时至今日，该活动依然没有停止，在SK-Ⅱ官方微博上，不时仍会继续发布该活动的进展与新的杰出女性的相关视频，不断地扩大意见的影响力。并且意见领袖的选取也没有被广告话题所限制，SK-Ⅱ品牌方邀请了7位独立女性，与SK-Ⅱ品牌代言人演员霍建华先生为"自由选择"进行了联合发声，号召女性分享真实内心，以开启改写命运之旅。男性意见领袖的加入使得话题的展开有了多元的视角。

（7）其他官方机构 B7

该要素没有被纳入上文的系统要素假设中，但是在对该案例的分析中，质性数据显示，官方机构同样在广告传播中起到了作用，因而被纳入说明中。在2016年戛纳国际创意节上，SK-Ⅱ品牌凭借《她最后去了相亲角》视频短片，获得了当年中国首座玻璃狮奖和公关类企业社会责任类金奖。

获奖本身是其他官方机构对该视频广告及其传播效果的肯定与声援。同时在二次传播中，品牌使用了交叉营销的手段，就是向拥有一定营销资源的合作伙伴的顾客进行的一种推广手段，并在传播中吸引了同行业者的关注，诸多广告行业的公众号、官方微博、评论文章相继推出，引发再一次传播高潮。

4.3.3 广告信息硬环境 C

该案例中没有明显涉及此分析层次的数据，与上文中的初级系统层次与要素假设呈现出不同之处，因此要做出必要的说明。

在此案例中，可以明确证实广告信息资源与广告信息主体两个层次是广告舆论的形成要素层次，形成过程的开端以传播行为的起始为标志。但是，上文假设中提出的广告信息硬环境层次，资金支持、广告技术、媒介技术的结构要素，区别于可以在传播过程中产生影响的前两个层次的要素，在案例中没有明显的作用表现，可视为不对广告舆论的形成过程产生直接影响。

实际上，广告信息硬环境要素能够产生的显著作用对应于传播行为产生前，是广告创意与制作需要考虑的因素，广告技术的应用由广告创意决定，广告技术限制广告创意的空间；资金支持取决于广告主的实际能力，不由主观意愿左右。因此，这些要素的直接影响先于传播行为的开始，是既定的客观事实，不能本着"这些条件可以变得更好、更有利于广告舆论的形成"的主观考虑而将之纳入分析框架中来。一旦传播行为开始，广告技术、资金支持等创意、制作条件（即广告信息硬环境）是不可改变、不可逆的。并且，通常情况下，如生态系统中的无机环境一般，技术硬环境同样具有稳定性，技术创新与应用具有相对稳定性。即便广告技术的发展为受众提供了超越性的感官与互动体验，互联网技术与网络媒介的发展推动了社会生活的变革，提供了崭新的虚拟生态系统以及对应的社会结构。然而如同以往任何一种技术，广告技术与媒介技术存在一定的生命周期，包含了发展、成长、成熟、衰退几个阶段。在进行广告舆论形成系统研究的特定时间段内，该环境要素可以视为基本不变。

因此，从此案例分析中应得出结论：广告信息硬环境不应隶属于广告舆论的形成系统，否定上文中该部分的假设，并在下文中不再将之作为案例分析中的层次。

4.3.4 广告信息软环境 D

（1）主流思想 D1

中国主流思想中强调的是"家庭本位、家族兴旺"，[1] 大龄单身

---

[1] 吴志凌. 围城内外的变奏 [D]. 湖南师范大学，2014.

女性的广泛存在是对中国传统文化的反叛，打破了既往主流传统的家庭模式。如同视频中所展现的，社会的普遍认知是女性应当在适婚年纪结婚，既是人生的教条，又是对父母尽孝。"你都多大啦""还没结婚呐""你年龄也不小啦"表现出的是社会对年龄与婚姻之间关联的认知，而"赶快把它解决好了算了吧，也不要太残忍了啊""中国，中华儿女嘛，就是孝为当先，反正不结婚肯定就是不孝的一种"等表述是对结婚与孝顺在中国传统文化中关联的一种印证。反观该广告传播，对独身女性主体意识的表现，表现的是对旧式传统家庭观念的抵制。即便如此，广告视频及传播中信息的传播仍不敢过度对抗这种主流思想，而是在结尾以大龄单身女性与父母的和解收尾。一方面既是对女性主体意识的支持，一方面也不得不与社会主流思想妥协。

另外，主流思想也为该广告舆论的形成提供了极为有利的条件。对人群的标签化是大众对于社会认知的一种简单化的处理方式，即便不少人群对于"剩女"贬义倾向的浅层意识一直存在，单支广告没有办法从本质上转变人们的认知。但是，当今文化思想愈发多元化发展，在一个公共领域中，人群迫于道德约束的压力，或是一瞬间内心感知的转变，均会对这群特殊群体产生同情与关爱。

（2）可讨论性 D2

该话题具有可讨论性的社会环境，主要表现在两个方面。首先是结婚的必要性。随着我国社会发展，女性初婚年纪呈现明显延迟，是女性结合社会环境与自身条件的一种自主或被迫的选择，以教条和道德作为结婚的必要条件，成为具有争议的第一部分。

其次，"剩女"是对特定女性群体的一种称呼，其可讨论性主要来源于该称呼所包含的内在意味并不符合这部分女性的自我认知，即争议性。"剩女"是："现代都市女性，绝大部分拥有高学历、高收入、高智商（简称'三高'），长相也无可挑剔，因择偶要求较高，导致在婚姻上得不到理想归宿的大龄女青年"。① 即便解释是一种中性意味的描述，但是在现实中，"剩女"一词通常是对女性的带有歧视与贬义的符号化行为，如视频中的表述"剩女这个词给人的感觉就是剩下来的女人"，与日本语言中的"败犬"一词表意相近，是对已过适婚年龄却尚未走入婚姻的女性的一种戏称。后有研究者称之为"一个建构失实的伪命题"②，也能体现这种称呼的争议性。

因此，两个具有争议的部分，极大拓展了被吸引并参与讨论的人群，也刺激了人群参与的动力，在争议性话题的刺激下，共同知觉人群以表达来宣泄，在行动中推动意见的融合，自发地促进广告舆论形成。

（3）相关规制 D3

该要素在案例中没有明显体现，但是这不意味着该要素如同上文硬环境要素一样，本着寻找共性的原则做出要素剔除。该要素作用不显著的原因在于本案例并没有违反相关规制，而是在规制下的自由领域中实现传播。本案例完全符合广告法律法规制度的要求，因此该结构要素的作用是隐性的。

4.3.5　广告舆论的形成过程

在该案例中，广告舆论为：女性要独立而自由的生活，要追逐爱情。其形成过程区别于普通舆论"意见发生—意见传播—意见整合—舆论形成"的流程，具体差异如下。

首先，意见的发生不是基于群众对于社会焦点事件的关注与思考，而是基于广告信息内容中所包含的意见。虽然意见传播阶段，存在对于广告意见所展开的相关讨论，意见变得多元化，但符合上文所提舆论向量的问题，即在舆论形成前，必然存在意见的方向与强度的差异。其次，在意见传播阶段，共同知觉人群的讨论过程通

---

① 陈友华，吕程. 剩女：一个建构失实的伪命题 [J]. 学海，2011（2）：42-48.
② 陈友华，吕程. 剩女：一个建构失实的伪命题 [J]. 学海，2011（2）：42-48.

常夹带广告信息传播,如在转发广告链接的同时进行评价,这使得意见的传播在整体上没有偏离广告信息的设定与广告活动的目标设定。在意见整合阶段,分为两条线索,其一是共同知觉人群基于共同利益进行意见的整合,在本案例中共同利益与广告意见并无明显差异;其二是广告活动本身设定的广告传播行为强化了广告意见在意见池中的比例与强度,如意见领袖、后续活动等均在促使广告意见成为主导意见。最后,舆论的形成以意见领袖与其他权威机构的印证为标志,即便在社会空间、网络空间内,广告意见已成为主导意见,但是,广告活动方仍通过其他方式为广告舆论的形成做出印证,将广告舆论进行展示与二次传播。

4.3.6 总结与分析框架调整

本案例的广告信息资源,首先是一个颇具焦点性的社会问题,可以快速地网罗众多城市大龄单身女性的注意力。同时,信息中所呈现出的广告意见,实质上是品牌代表广大城市大龄单身女性发声,以强大的企业品牌效应对这群女性进行声援,说出她们内心深处的想法,是对该群体意见的一种反映。因而,广告信息受到人群的广泛关注,引发了实际的自主转发的行为,是对该人群内心诉求的一种满足。但也存在对社会主流意见的适度妥协,一定程度上说明广告信息内容无法不依靠于既有主流意见而独树一帜的存在。

广告信息主体皆在各自角色中起到特定作用,但是前文中,对于数据公司的结构假设是介于广告传播前,基于案例分析,数据公司所扮演的角色更突出表现于传播中后期,作为舆论形成的"印证"而存在。研究中发现了系统要素假设中没有涉及的"意见领袖"与"其他官方机构"两个要素,意见领袖作为一种整合与反映的方式,可以起到二次传递或者仿拟大众意见的作用,利用粉丝效应,将这次活动推向高潮阶段。其他官方机构也在传播中起到了仿拟主流意见的作用,因此应加入系统中来。基于上述论述,数据公司与其他官方机构在广告舆论形成过程中同样扮演着仿拟主流意见,对广告舆论进行展现与总结的作用,因而做出如下假设:数据公司与其他官方机构作为权威认证方的角色出现,是广告舆论形成的标志,在分析框架中将进行合并,统称"其他官方机构"。但是,对于主体要素的调整需通过后续案例进一步探索,在后续案例分析中深入验证该假设。

广告信息硬环境中所包含的所有结构要素被整体剔除,区别于个别案例中硬环境的突出效能,在大多数案例中,广告信息硬环境作为客观存在确实对广告舆论的形成起到影响,却不以主观意志为转移,在传播开始后即是客观存在,是不可调整的部分。因此,本书认为分析在传播过程中形成的舆论,无须对该部分要素进行考虑,需进行要素剔除。

广告信息软环境中,所有要素均得到印证,无须进行调整。但是,相关规制的影响主要表现在对传播信息的前期影响上,本案例中无涉信息违反规制的行为,因此该要素的作用属于隐性作用。

经过调整,研究的分析框架调整如表4-3。

表4-3 广告舆论系统要素调整

广告舆论系统要素	
层次	要素
广告信息资源 A	问题 A1
	意见 A2
广告信息主体 B	广告主 B1
	广告公司 B2
	媒介 B3
	受众 B4
	意见领袖 B5
	其他官方机构 B6

续表

层次	要素
广告信息软环境 D	主流思想 D1
	可讨论性 D2
	相关规制 D3

4.4 案例二：中国共产党《我是谁》

中国共产党《我是谁》作为一则公益广告，在传播中取得了巨大的成功，形成了中国共产党党员是全心全意为人民服务的，并始终在人民身边的广告舆论。广告在开篇明确提出问题：我是谁？然后通过六个系列场景逐一对该问题进行回答，并在片尾揭晓总结性的答案："我"是在各个岗位上严格要求自己，全心全意为人民服务的党员，并给出响亮的广告语：中国共产党始终和你在一起。一经网络传播，该广告便引发了网民广泛地转发和讨论。与上一案例的区别之处在于传播路径与意见的融合过程。共同知觉人群覆盖范围更广，党员人群形成了对视频内容的共鸣与身份自豪感，非党员人士巩固了对于中国共产党全心全意为人民服务的优秀评价，共同知觉人群统一了不能因为个别党员的错误而以偏概全的意见。

4.4.1 广告信息资源 A

该视频广告有着区别于故事片的特殊广告叙事过程，结合影片"提出问题—回答问题—总结答案"的叙事逻辑，对广告视频内容的分析采用层次切片方法，见表4-4。

表4-4 中国共产党《我是谁》视频广告切片

编号	切片	身份	声音	画面内容
1	问题	没有正面形象	我是谁？是什么样的人？也许你从来没有想过	没有正面的背影，面向大海，提出问题

续表

编号	切片	身份	声音	画面内容
2	回答一	大学生	我是离开最晚的那一个	下课后，同学都走了，留在教室里擦黑板，关灯，然后再走
3	回答二	环卫清洁工	我是开工最早的那一个	清晨出门，天未亮就开始清扫马路
4	回答三	医生	我是想到自己最少的那一个	做手术劳累，在医院走廊的角落里，睡倒在地上
5	回答四	交警	我是坚守到最后的那一个	在暴雨中指挥交通，没有雨具，直至路上没有行车
6	回答五	邻居	我是行动最快的那一个	给村里街角的路灯换灯泡
7	回答六	村干部	我是牵挂大家最多的那一个	在大暴风雨来临前，在风雨中给码头上的船只加固绳索
	总结	六位	中国共产党始终和你在一起	六位出镜者的笑脸轮放，最后，六位一起坐在草坪上

（1）问题 A1

①体现中国共产党的意志。

该广告是中央电视台为庆祝 2016 年中国共产党建党 95 周年特别推出的公益广告，用温暖朴实的镜头语言传递出"我是中国共产党党员，我一直在你身边"的创意理念。《我是谁》广告与中国共产党党员对自身"兢兢业业，全心全意为人民服务"的自我要求和党员作风相符，体现了中国共产党的意志。

②符合受众取向。

《我是谁》从叙事逻辑到呈现内容角度，均符合最广大的受众取向。首先，叙事逻辑非常清晰，遵循着提出问题—回答问题—揭晓答案的逻辑，步步深入，层层剥开，使受众们可以顺畅地理解广告所要传递的信息。其次，呈现内容中，《我是谁》选取的是日常生活中来自各行各业的普通人，由六位党员来讲述他们的生活和工作状态，必然使同样职业的党员感同身受，非党员也倍感亲切。这种熟悉感，快速地拉近了受众的共同知觉。

（2）意见 A2

由于视频中有明显的提出问题—回答问题—揭晓答案的叙事逻辑，意见的呈现也是逐渐带入，由浅及深，并始终围绕一个主要问题——"我是谁"。

这则广告内含的意见在面对不同受众时可以被进行不同解码。对普通群众而言，镜头下每一个普通党员的日常生活与工作都展现了中国共产党党员永远是劳动人民的普通一员，具有密切联系群众、全心全意为人民服务的奉献精神。六位党员的微笑、自信，展示出中国共产党党员的风范。意见非常鲜明，"我"是中国共产党党员，共产党员就是在各自不同岗位上尽职尽责、默默奉献的平凡却闪光的身影。在结尾，视频再次将意见高度提炼，即这样的共产党，始终在每一个普通人民身旁。意见的集中提升了广告传播的效率，受众无须进行繁杂的信息解码，直接理解视频中的文字及画外音的意思即可。对于中国共产党党员而言，意见强调了党员在生活与工作中为人民服务的情况，强调了党对党员应始终在人民群众身边的要求。这是基于国家事业的新发展，中国共产党提出的对党员的新要求，要求每一位党员做到讲政治、有信念，讲规矩、有纪律，讲道德、有品行，讲奉献、有作为，只有这样才是一名合格的党员。

4.4.2 广告信息主体 B

（1）广告主 B1

区别于商业广告，该广告作品的广告主就是媒介——中央电视台。中央电视台是中国大陆地区最早建立的电视机构。其前身是1958年开始试播的北京电视台，于1978年更名为中央电视台，经历了大半个世纪的发展，可以将之视为中国大陆地区电视事业的缩影。作为历史最长的电视台，其经历了"由'宣传型'向'宣传经营型'"[1] 的变革，

---

[1] 王冲. 中央电视台新闻生产机制变革研究——基于媒介社会学视角 [M]. 北京：经济管理出版社，2014：127.

见证了我国公益广告发展的历程。

该视频广告同时体现出了中央电视台扎实落实新闻舆论工作中中国共产党对新闻媒体的要求。此前,在2016年2月19日党的新闻舆论工作座谈会上,习近平总书记明确指出"新闻舆论工作者要增强政治家办报意识,在围绕中心、服务大局中找准坐标定位,牢记社会责任,不断解决好'为了谁、依靠谁、我是谁'这个根本问题……要转作风改文风,俯下身、沉下心,察实情、说实话、动真情,努力推出有思想、有温度、有品质的作品"。[①] 该则广告视频的标题为《我是谁》,不难看出,这是中央电视台准确把握会议的精髓要义,将理论联系实际进行的制作。"我是谁"的问题不仅通过广告视频传递给广大受众,也体现了中央电视台作为新闻媒体对自我的反思。

(2) 广告公司B2

据评论文章介绍,该则视频由中央电视台、北京万时博宣文化传媒、上海明殿文化传播三家联合制作。视频导演在接受采访时称:

> 当时原创脚本基本是定下来了,只是在村干部这个角色中,原本的设定是他在温室大棚里指导村民种植经济作物,带领乡亲发家致富的故事。在与央视的领导以及万时博宣创意总监李定东一起内部讨论时,我提出温室大棚作为拍摄场景不太好表现,建议将场景与脚本改成村干部与渔民抗击风暴的故事,他们在反复推敲以后也表示赞同。脚本的一些细节,包括每个角色需要做的每个动作,央视的领导和创意总监李定东都与我一一沟通,希望看起来自然而不做作,用最真实平凡的细节去表现基层党员在日常工作中的默默付出。[②]

---

① 在解决好根本问题中 找准坐标定位 [N/OL]. 新华网. http://news.xinhuanet.com/comments/2016-03/14/c_1118318463.htm.

② 独家专访 | 郭育明:他拍了党的第一支广告 [N/OL]. 易拍即合网. http://www.tvcbook.com/index.php? m=content&c=index&a=show&catid=46&id=205.

据报道称：

> 该片从创意到制作仅仅用了20天的时间，前期分别在厦门、武夷山和上海三地进行堪景选景，因上海是中国共产党建党初期的根据地，符合公益广告基调，最终在上海拍摄执行。央视公益广告团队在上海进行了为期3天72小时的拍摄，为还原真实，收集了历年的党徽加以选择，对医生、清洁工、交警等人物工作场景，反复进行多次试演。①

由此可见，广告公司在该视频制作的过程中也充分考虑了广告表达与制作。从表达上，该公益广告并没有使用较之充分发展的商业广告中复杂多样的表达方式。学者普遍认为我国公益广告的本质是思想宣传，政治色彩浓重，存在市场化运营不成熟，缺乏法律支持等问题。但是，与其他公益广告相比，该广告片立意于普通平凡的身边的人物、故事，这是最突出的表达特征。片中的主人公是离开教室最晚，打扫教室卫生的大学生；是为了城市的整洁，上班最早，工作辛劳的环卫工人；是在手术台前救死扶伤，却想到自己最少，昏睡在医院走廊的医生；是在暴雨中坚守岗位，指挥交通至全身湿透，保证来往车辆交通安全的交警；是行动最快，牵挂大家最多，关怀每一个乡亲的邻居……他们时时刻刻肩负着自己的责任，为身边的人和事贡献自己微薄的力量。

同时，该广告视频并不冗长，区别于常见的教化式的思想宣传，改变了既往公益广告中"讲道理"式的表达，而是以情怀为诉求点，试图打动受众，这也是该广告在表达上较为突出和之所以能被广泛接受的原因之一。

---

① 充满活力的95岁！中国共产党广告《我是谁》圈粉无数[N/OL]．凤凰网．http://news.ifeng.com/a/20160727/49672111_0.shtml．

(3) 媒介 B3

全网信息量最高峰出现在 2016 年 7 月 27 日，当天共产生 39281 篇相关讯息，后续报道主要来源于新浪微博、微信、新浪博客、中国文明网、腾讯微博等几大站点。

通过微舆情的事件监控显示，信息首先通过新浪博客发布。但是，通过信息链接追踪显示，该博客文章包含"中国共产党""我是谁""广告"几个关键词，但与该事件本身不相关，因此做出剔除，不作为网络首发信息。与之并行的人民日报的信息传播是此次舆论事件的网络开端，经过求是网、中国网、大众网及其后的一系列网络媒体的传播，事件呈现扩散化发展。

最终，全网共计 63256 条关于该事件的信息（不计相关评论数量）。传播路径如下。

①央视首发该则公益广告。在全媒体时代，传统电视媒介的影响力通常不如网络媒介，但是作为该则广告的广告主，同时作为中华人民共和国国家电视台，中央电视台的影响力仍不可小觑，对于舆论的形成起到非常重要的开端作用。

②广告被上传至优酷、腾讯视频、秒拍等视频网站或手机应用。一方面该广告可以通过视频网站进行传播，另一方面该行为为进行更大范围的网络传播作铺垫。现阶段，视频内容的传播大多以视频网站的链接转发为传播手段。

③微信传播。据微信搜索可知，最早的一则相关文章来自宁财院会计系学生事务服务中心，标题为《我是谁？第一次看到党打广告》。7 月 26 日，共青团中央官方微信号发布文章《快看！我党居然第一次打广告了……》，随后人民日报、各地共青团官方微信号对该文章尽行了转发，信息逐步扩散至其他公众号。其他公众号的微信传播，或是对该文章进行直接转发，或是对内容进行了细微调整。微信传播的文章中均对广告内容进行简单介绍，大多同时附上视频。相关文章的发布于 7 月 27 日达到最高峰，广告信息与评论在微信朋友圈中也广为流传。

>> 广告舆论及其社会功能

④微博传播。7月27日人民日报微博官方发布该广告,作为关注者数量5000万以上的微博大号,转发视频时同样以《我党居然第一次打广告》为标题,快速网罗了众多注意力。

⑤国外媒体传播与评论。美国《纽约时报》的官方网站于7月28日发布文章,原题《中共新电视广告问"我是谁?"》:

> "我是谁?"这是人们在自我怀疑时或者狂欢了一夜之后,有时会问的一个问题。
>
> 如今,中国共产党对这个问题给出了它自己的答案。在一个为纪念建党95周年而最新制作的精致电视广告中,这个问题被用来宣传共产党的一种形象:一个谦逊的做好事的社团,默默无闻地把中国维系在一起。①

⑥国内纸媒报道。7月29日,《人民日报》(海外版)以视频截图与简单的文字叙述对该广告进行了介绍:

> 近日,一则名为《我是谁》的短片,在网上广为流传。片中拍摄了默默坚守在不同岗位上的共产党员的日常生活,医生、警察、清洁工人……短片回答了共产党员"我是谁,是什么样的人"这一问题。"我是离开最晚的那一个""我是开工最早的那一个""我是坚守到最后的那一个"……亲切真实地表现出普通党员勇于奉献的精神,获得了网友们的点赞。有网友表示,这是第一次看到我们党给自己"做广告","满满的正能量"。还有网友表示,短片很感人,真正体现了何为"不忘初心"。②

---

① 美媒:中国共产党新电视广告问"我是谁?"[N/OL].环球网.http://oversea.huanqiu.com/article/2016-08/9247268.html.
② "我是谁"[N/OL].人民网.http://paper.people.com.cn/rmrbhwb/html/2016-07/29/content_1699534.htm.

⑦其他网络媒体传播与评论。媒体的主要观点是：中国共产党第一次打广告，公益短片《我是谁》圈粉无数。其他网络媒体均在文章中对网友微博评论进行论述，指出"网友纷纷表示，被我党的第一次广告圈粉"。同时，媒体也对广告中人性化的表达手法提升党的形象表示认同，认为中国共产党的宣传工作者在手法上更加熟练，也更懂受众，更懂互动。如长江网的评论报道《"我是谁"传递出了共产党员的担当》：

> 短短一分半的纪录片，用最为朴素的镜头传递了共产党员的奉献与担当……我是共产党员，始终和你在一起。一句话道出了共产党一心为民的宗旨，更表达了与群众同甘共苦的决心。党和群众是紧密联系在一起的。95年已经过去，党带领群众走过近百年的风风雨雨，终于迎来了这太平盛世。95年初心未变，为梦前行。我们相信，在共产党的领导下，中国必将会迎来更加璀璨的未来，实现伟大的"中国梦"指日可待。①

⑧《人民日报》——中国共产党中央委员会机关报，在传播热度高潮之后，再次提及该则广告。《人民日报》（2016年8月19日第1版）在评论文章《把学习"七一"讲话精神引向深入——论深化"两学一做"学习教育》中写道：

> "我是中国共产党，始终和你在一起。"前不久，一则《我是谁》的公益广告被网友点赞、热转。坚守平凡、真诚付出的普通党员形象，感染了无数人。以"两学一做"学习教育为契机，淬炼党员本色、提升党性修养，把学习贯彻"七一"重要讲话精神不断引向深入，8800多万党员必能凝聚起不可战胜的

---

① "我是谁"传递出了共产党员的担当［N/OL］. 长江网. http://news.cjn.cn/cjsp/gdzl/201607/t2861624.htm.

磅礴力量，成为引领民族复兴的坚实脊梁。①

（4）受众 B4

该广告的传播媒介中，既有强势的传统媒体又有覆盖范围同样广泛的新媒体，尤以社交媒体为代表，所以传播覆盖受众数量巨大。传播中既有广告中涉及的中国共产党员的身影，又有民主党派与无党派人士的参与。

截至 2015 年年底，我国共有 8875.8 万名中国共产党党员，党的基层组织 441.3 万个。作为中国共产党的公益广告，受众中必然有很大部分是中国共产党党员。在社交网络的转发评论中，也可以为这种假设做出证实。据微舆情的统计，排名第一的微博转发评论观点就是：我是中国共产党，始终和你在一起。

在评论中也不乏民主党派与无党派人士参与，排名第二的微博转发评论观点是：感动。这主要是因为中国共产党是我国的执政党，中国共产党党员广泛地散布于社会生活中，他们的行为与作风极大影响着整个中国社会的发展方向与前进动力。由评论观点可知，其他受众对于广告视频中所描绘的中国共产党党员形象主要持肯定态度。

（5）意见领袖 B5

在本案例中，意见领袖在现实社会生活中的角色更为多元，与上一案例中以社会知名成功女性和品牌代言人作为意见领袖不同。本案例中的意见领袖的社会知名度平均水平低于上一案例，却在不同社会领域中产生广泛影响。如微博名"北京胡大夫"，是北京市中西医结合医院皮肤美容整形科主任、医学博士，有关注粉丝 2 万多名；如微博名"安崇民"，官方认证为德阳市网络文化协会副会长、新闻工作者协会常务理事邓建华，微博关注者 3.7 万多人；如微博

---

① 评论员. 把学习"七一"讲话精神引向深入——论深化"两学一做"学习教育[N/OL]. 人民网. http://paper.people.com.cn/rmrb/html/2016-08/19/nw.D110000renmrb_20160819_5-01.htm.

名"你将相思赋予谁"是微博上知名的情感类账号,拥有关注者261万多;如微博名"但斌",是深圳东方港湾投资管理股份有限公司的董事长的个人微博,关注者1101万多人……这与广告信息中对中国共产党党员的表现呈现出相关性,进行传播的意见领袖较多本身即为中国共产党党员,信息的传播更多表达的是对自身党员身份的自豪感。

(6) 其他官方机构 B6

在该案例中,没有明显的数据公司产生作用的线索,在上一案例中,作为舆论形成的"印证"而存在的数据公司,被媒体传播所使用的标题与评论内容所替代。但仍存在一些官方机构对舆论的形成进行"认定"。

如同意见领袖要素的分析中提到,其他官方机构在案例中的表现有极大的相似性。一是官方机构的多元性,如微博名"次元仓",是拥有44万多关注者的广东脑洞网络科技有限公司;"微博红包",是新浪微博产品的官方微博,有接近629万粉丝对其进行关注……多元化的官方机构对广告信息进行转发评论,不仅影响了机构成员,也拓展了信息影响范围;二是转发与评论表达的是对广告信息的认同,并在转发中不断促进对该广告的进一步认识的形成。如"青岛市中级人民法院",为山东省青岛市中级人民法院官方微博,关注者5.7万多,在转发中表达新的意见"你也可以是党的'形象大使'"。

4.4.3 广告信息软环境 D

(1) 主流思想 D1

中国共产党的形象关系着的不仅是党的生存与发展,也关系到中国社会的前进与未来。长期以来,主流思想普遍认为中国共产党带领中国人民不断取得成就,在人类历史上是突出而惊人的。"全心全意为人民服务"是中国共产党的宗旨,是共产党员一切行动的出发点和归宿,"立党为公,执政为民"是中国共产党的执政理念。因此,在广大人民心中,中国共产党党员的形象是没有私利,为了最广大人民群众的根本利益而服务的。夏倩芳教授等对1979~2005年新闻报道框架的研究也可以一定程度对此印证,在研究中,党员形象主要与"敬业/奉献"和"勤勉/踏实"[1]相联系,占比接近相关报道数量的60%。

中国共产党大多数党员形象是正面的,虽然存在小部分党员贪污腐败、滥用职权现象,但是不能将个性当共性。因此,该广告信息在这种大环境下,通过视频中普通中国共产党党员的兢兢业业、全心全意为人民服务,来重申党对党员的要求,是对传统主流思想的强调。

(2)可讨论性 D2

该话题具有可讨论性的社会环境,主要表现在以下两个方面。

一是共产党员的形象在人民群众中是变与不变的统一。长期以来,我国的主流思想是"没有共产党就没有新中国",中国共产党员是全心全意为人民服务的。但是社会中存在党员作风问题,不符合毛泽东同志在党的七大所做的《论联合政府》报告中提出的理论联系实际、密切联系群众、批评与自我批评的"三大作风"。更有甚者,出现贪污腐败、滥用职权、欺压百姓的行为,对共产党员的形象造成巨大损害。因此,对中国共产党党员形象的话题进行讨论,是人民群众的迫切希望,也是中国共产党的重要工作内容。

二是中国共产党的形象是至关重要的问题。2015年国家统计局数据显示,中国人口有13.75亿,是中国共产党领导着13.75亿人民建设中国特色社会主义,"历史和现实都表明,一个政权也好,一个政党也好,其前途与命运最终取决于人心相背"[2]。因此,对中国共产党党员形象的话题进行讨论,也是中国共产党的重要工作内容,

---

[1] 夏倩芳,张明新. 新闻框架与固定成见:1979-2005年中国大陆主流报纸新闻中的党员形象与精英形象 [J]. 新闻与传播研究,2007 (2):29-41.

[2] 周永学. 谈谈共产党员形象问题. [N/OL]. 人民网. http://theory.people.com.cn/GB/40537/9912006.html.

是党员需要进行讨论、学习与自省的内容。

(3) 相关规制 D3

该要素在案例中的作用表现不突出,原因同样在于本案例并没有违反相关规制。作为中央电视台发起的一则公益广告,在播出前,已经过多重审查。因而完全符合广告法律法规制度的要求,该结构要素的作用是隐性的,但同样是切实存在的。

4.4.4 广告舆论的形成过程

在该案例中,广告舆论为:中国共产党党员是全心全意为人民服务的,并始终在人民身边。其形成过程区别于普通舆论"意见发生—意见传播—意见整合—舆论形成"的流程,且与SK-Ⅱ案例中广告舆论的形成过程存在差异。

在相同的部分,首先,《我是谁》案例中意见的发生同样是基于广告信息内容中所包含的意见,主要是视频中结尾的广告语:"中国共产党始终和你在一起"。其次,在意见传播阶段,共同知觉人群的讨论过程夹带广告信息传播,且更为明显,尤其是共同知觉人群中的党员部分,在转发广告视频链接的同时,通常以广告语"中国共产党始终和你在一起"为评价,不断强化该主张。

不同的部分在于,首先,意见方向一致保持,不存在多元化的发展。并且,意见强度逐渐攀升,广告意见直接成为共同知觉人群中广为流传的主流意见。其次,在意见整合阶段与上一案例不同,意见领袖与其他权威机构不再作为广告活动方进行广告传播的工具,而是作为共同知觉人群,自发而自觉地进行广告意见传播。这意味着广告意见本身与共同利益是基本一致的。由此,整合过程被简化,即基于共同知觉人群的理性,直接促成整合的发生。在舆论形成阶段,广告活动本身设定的广告传播行为主要为主流媒体的新闻报道,这意味着广告舆论与新闻舆论间的嫁接,形成的广告舆论通过新闻媒介来呈现。

4.4.5 小结

该广告视频是中央电视台为庆祝中国共产党建党95周年而制作。该则公益广告明确传达了"我是中国共产党,我一直在你身边"的共产党员兢兢业业、全心全意为最广大人民群众服务的广告理念。既是对中国共产党理念的呼应,又迎合了受众的收视倾向,快速吸引众多受众,在短时间内成为议论热点,并持续被提及,在后续的一段时间内成为流行语。

信息主体中的媒体要素与上一案例呈现不同之处,尤其是在社交网络端,信息的源头来自民间而非相关官方机构,十分值得玩味。广告公司与广告主对于广告信息的设定与表达方式的选择,体现出区别于常见的公益广告的明显进步,以亲近感与真实性迅速收获受众的偏好。受众中既有广告信息中提及的共产党员,也有民主党派与无党派人士的身影,各方在意见交换的过程中,均表现出对广告信息内容的认同。因此,受众主动进行转发与评论,延伸了信息传播的范围与影响力。同时,意见领袖与其他官方机构是主动自觉地进行信息传播,而非上一案例中,意见领袖来自广告传播主体的邀请,其他官方机构也有付费营销的嫌疑。虽然意见领袖与其他官方机构的平均知名度与影响力减弱,但因广泛性与多元性,使得意见的波及范围得到扩展,延伸至生活中的边边角角。

广告信息软环境的要素没有变动,主流思想同样存在,却因为党员形象是主观性与客观性的统一、不变与变化的统一,促发与提升了话题的可讨论性,为该广告传播活动促进广告舆论的形成提供了有利的环境条件。同样,该则广告舆论案例中,相关规制以隐性的作用继续保留于系统要素框架内。

经过对该案例的分析可以发现,在上一案例中对于广告舆论系统层次与要素的调整,其有效性一定程度被证实,没有出现必要的层次与要素调整。因此,在下一则案例的研究中,对广告舆论系统要素的分析框架保持不变。

4.5 案例三：YSL 星辰口红

2016 年 10 月，社交网络上男朋友送 YSL 星辰口红的照片与文字层出不穷，部分女性认为这是"幸福""被宠爱""真爱"的表现，于是不少女性跟风要求男朋友给自己买口红，并通过发布信息于微博朋友圈博得他人羡慕。几乎各种女性公众号都在煽动男人给女人买礼物，尤其是买口红，更衍生了一句情话："送我一只口红，每天还你一点。"

纵然在营销基本结束后的时间里，一些理性评论或极力批判 YSL 星辰口红营销方式的文章与议论出现，不可否认的是，至今，这种男朋友送 YSL 星辰口红象征对女朋友的爱情，YSL 星辰口红很美的种种意见仍然存在，从这个角度来讲，该广告是成功的，并且极大地促进了商品的销售，如欧莱雅集团的首席执行官让－保罗·安巩（Jean-Paul Agon）在第三季度业绩会上说：

> YSL 特别受中国消费者的追捧，该品牌在该季度内获得了 40% 的业绩增长。到了 2 月 10 日公布的 2016 年财报里，YSL 成绩亮眼，全年销售额首次突破 10 亿欧元。[①]

同时，该案例中，既存在消费评论舆论，也有广告评价舆论，形成了与上述"男朋友送 YSL 星辰口红象征对女朋友的爱情"截然不同的批判性舆论，即爱情不需要通过送礼物，尤其是口红而印证。因此，是难得的复杂而具典型性的案例。

4.5.1 广告信息资源 A

YSL 品牌口红在世界口红界一直占据领军地位，在 2016 年圣诞

[①] 2030 元！内地情人节平均预算居亚太榜首［N/OL］. 千华网. http://www.qianhuaweb.com/2017/0214/3680997_3.shtml.

节前推出的星辰系列也成为许多彩妆迷追捧的产品,但是,品牌与产品本身却不是让这支口红大火并引发广告舆论的主要原因。区别于之前两则广告传播案例,YSL 星辰口红案例的开端不是广告视频。作为 YSL 品牌的圣诞限量款产品,品牌邀请超模进行了广告视频拍摄,但是没有引起明显的波澜,实际上是一则公众号推文引发了大众对于该口红产品的广泛讨论。推文名称为《叫男朋友送 YSL 星辰,他是什么反应?》,推文以 13 对男女朋友间微信聊天记录的截屏为内容,均是女朋友对男朋友撒娇,表达希望男朋友可以赠予 YSL 星辰口红,及之后两者间的语言互动。

记录分为男朋友答应买与不答应买两种,分别选取第一对与第六对男女朋友间的对话内容为例(见表 4-5 和表 4-6)。

表 4-5 YSL 星辰口红推文第一段对话内容

编号	性别	内容
1	男	刚到;你干嘛呢。
2	女	躺床上呢好烦;宝宝看到一只口红颜色好美;老公买给宝宝么;是 YSL 星辰 9 号色哦;老公你让大傻个在韩国给我买一个嘛;你为什么不回我! 我去,还真不懂啊。
3	男	买;你不是一堆口红吗?
4	女	真的吗?
5	男	嗯,你喜欢啥我都给你买;是 YSL 星辰 9 号色;只有韩国才有啊。
6	女	可是这个是新款颜色超美的是豆沙色宝宝没有这个颜色呢。
7	男	啥豆沙色。
8	女	新街口专柜也有;就是口红颜色啦!新街口新百专柜有的。
9	男	买;明天去?
10	女	宝宝明天要搬砖;晚上去好么你来接宝宝;韩国直邮回来不划算吧还不如直接专柜买了快! 人呢?
11	男	行。
12	女	你自己百度。
13	男	宝宝喜欢啥老公都给买。

续表

编号	性别	内容
14	女	保准好看；壳子都好看。
15	男	啥壳子。
16	女	……

表 4-6 YSL 星辰口红推文第六段对话内容

编号	性别	内容
1	女	宝宝我想要一支 YSL 星辰。
2	男	什么东西。
3	女	口红淘宝搜；好不好嘛。
4	男	这么贵。
5	女	委屈。
6	男	不买。

推送文章中文字内容较少，主要是对每一段对话的简短评论，见表 4-7。

表 4-7 YSL 星辰口红推文的评论

编号	内容
1	叫男朋友送 YSL 星辰他是什么反应？ 感受下别人家的男朋友……
2	总体来说口红已经入了两只 最后咱家大宝子还算是及格的二话不说就答应了 开心准备明天照样去专柜再入一个！
3	♥♥♥♥♥
4	你想要的东西不会让你久等
5	♥♥♥♥♥
6	不为什么就是想给你口红 有我这么好的男朋友吗？？！请问
7	这就是爱我的男朋友？？？
8	知道后就搞失踪了……估计是感觉太贵了吧…… 这男朋友啊！ 靠男朋友不如靠自己，赚钱自己买才是真理！！！

续表

编号	内容
9	四五千的工资，钱除了日常用，给家里钱，基本都在我身上， 在这之前每一次说我要买口红或者告诉他 我买了口红都是直接支付宝转账
10	♥♥♥♥♥
11	我的男朋友 我家男神第一次 奢求要口红没想到嘻嘻嘻
12	muamua 我的好男票感觉要爱死他了， 瞬间女王变软妹一枚，嘿嘿嘿~~
13	智障男友
14	同居几个月的时候只有国庆那几天他回南通的时候没有陪着我 剩下的日子里两个人几乎分开不超过一小时（他毕业了不工作我学校一直请假）国庆前几天我转发 YSL 星辰微博并艾特了他然后 4 号上午跟我语音问我喜欢星辰的哪些色号我就按喜好度标注了下我说你就买两支好了然后他就一边跟我语音一边自己在那里研究色号第二天我发了他跟微博代购聊天记录晚上就干脆支付宝转账给我说"你订一套刻字的好了我实在看不懂这个口红" 嗯毕竟两个人也老大不小了出去介绍也都是未婚夫未婚妻这样介绍了 很幸运能遇到你
15	女神好想问下你们这种一言不合就送口红 一言不合就发红包男盆友哪找的？ 结婚的时候民政局会么？需要排队么？

（1）问题 A1

由推文内容可知，广告信息中的问题是 YSL 星辰口红本身。即便公众号推文的标题极力隐蔽口红品牌与型号，但是现已可以明确推文是一则 YSL 星辰口红的植入式广告。植入式广告也被称为隐性广告，"相较于显性广告，其传播一改往日单纯依靠说教和推销的营销策略，使消费者在接受媒介内容的同时，不知不觉中接收到商品或品牌信息，达到广告主所理想的宣传效果"。[1]

（2）意见 A2

①YSL 星辰口红很美，每一个女性都想要。

---

[1] 宋歌. 植入式广告法律规制研究 [D]. 东北财经大学，2016.

推文中一些女性表示"口红颜色好美""壳子都好看""我感觉他家壳好好看"等，同时也有男性介绍"圣罗兰 ysl 圣诞限量版彩妆都上新啦，今年的唇膏是星辰系列，就连唇膏膏体都有星星模样呢！里面还有大家都喜欢的星空色系哟"。对话中出现了很多对 YSL 星辰口红膏体颜色与口红外壳包装的赞美之词。

同时，推文信息中直白地表现了女性向男朋友直接要求赠予的行为，如对话截图中显示出的"宝宝看到一只口红颜色好美，老公买给宝宝好么""我看上最近出的 ysl，你啥时候能买一个给我"等。以 13 对话来仿拟女性群体，表达出女性普遍认为 YSL 星辰口红很美的观点，且具有极强的购买意愿。

②只有男朋友送 YSL 星辰口红，才能表达对女朋友的爱。

该则推文中涉及的另一个意见是男朋友需要送女朋友 YSL 星辰口红，我们从标题即可直接得出该结论。

文章内容是对男朋友是否同意赠予行为的呈现，也展现了女性对其行为与态度的心理活动与反映判断。推送文章中，个别男性不同意给女朋友购买星辰口红，女朋友给出了"靠男朋友不如靠自己，赚钱自己买才是真理！！！"的总结，或是发出"这就是爱我的男朋友？？？"的质疑。面对直爽转账给女朋友的男性，如回复微信消息说"你要什么我都给你买""好好好，买买买，都给你买，乖哦""对不起，我只会给你赚钱"的男性，推文中作者均发表了"羡慕""别人家的男朋友"的评论，或者女朋友在评价中均表示感激与自豪的情绪，"我的好男票感觉要爱死他了""咱家大宝子还算是及格的，二话不说就答应了"。由此，通过女性对男朋友是否同意赠予星辰口红的反应，再次强调了广告中的意见，即送给女朋友她想要的 YSL 星辰口红，是对爱的一种表达。

4.5.2　广告信息主体 B

（1）广告主 B1

YSL 星辰在中国地区的发售时间为 2016 年 10 月 28 日，稍微滞后于广告舆论事件发生的时间，也大大促进了产品的销售，因此基本可以判定为这是一次有组织有目的的传播活动，但是对于广告主的判断存疑，可能的广告主有以下两个。

①品牌方——圣罗兰（Saint Laurent）

该品牌的最初名称为"Yves Saint Laurent"，因此通常被简称为YSL，是于1962年创立的一个高级时装与珠宝品牌。品牌早期主要设计并出售女装，风格以精致、高雅为主。经过多年的酝酿与积累，成为与路易·威登（Louis Vuitton，简称LV）、香奈儿（Chanel）、克里斯汀·迪奥（Christian Dior，简称迪奥）等同一档次的国际一线大品牌。品牌产品包括时装、香水、饰品、鞋帽、护肤品和化妆品及香烟等类别。

化妆品一向是注重用户口碑的产品品类，尤其是带有奢侈品印记的化妆品品类，只有当产品极具吸引力时，才能产生实际的大范围销售。此次广告传播活动类似于口碑营销，活动的直接受益者——品牌方是广告主的可能性较大。

但是，YSL星辰口红在中国内地，限量200套的饥饿营销，直接导致1万多支假星辰口红流入市场。于是，很多人在看到品牌方实际供应数据与各种渠道的售出数据的巨大反差下，开始呼吁"让YSL滚出朋友圈"，使YSL彩妆的品牌形象一落千丈。YSL彩妆品牌在出现广告批评类舆论后，通过媒体进行澄清："日前，据YSL所属的欧莱雅集团公关部表示，'该产品并未在国内上市，公司在国内没有对该产品进行过任何形式的营销宣传。对于网上利用品牌炒作以谋求个人利益的行为，公司将绝不姑息。'"①

品牌方的回应指出，在营销期内，YSL星辰口红并没有在中国区进行营销，限量出售的200套星辰口红仅用于回馈老客户。但是，这种回应仍然没有平息消费者感到被欺骗的愤怒的情绪。

---

① YSL星辰有点方 还没在中国上市却被卖疯了？[OL]. http://www.ebrun.com/20161101/199308.shtml.

②销售渠道方

由于在公众号推文被传播的时间段内,YSL品牌方并没有在中国内地出售星辰口红,且随着受众媒介素养的提升,受众对植入式广告的识别能力相应提升,不少受众在接收到各种相关信息后,即刻判断出这是一则以促进YSL星辰口红销售为目的的植入性广告。如推文对话中女性所述的"新街口新百专柜有的"话语,种种细节也使得受众于对品牌销售渠道方是广告主的猜测存在合理性。

在这种跟风"要口红"的大形势下,YSL推出的奢华星辰系列成为很多女性的新目标。"男友送YSL星辰口红"的微博信息与朋友圈状态数量激增,各种围绕此话题的评论内容层出不穷,YSL星辰口红也因此成为一段时间内甚至至今仍不时被提及的商品。

由于话题被热议,在群体性狂热过后,不少人对此广告信息进行了反思,因此对于销售渠道方的批判性言论也一并存在,是广告舆论中的另一种意见。但是,无论广告舆论是对商品的评价还是对广告的批判,销售渠道方都是直接获利的。从最终的销售效果来看,该广告传播活动是极为成功的。

(2) 广告公司B2

由于各方均没有承认这是刻意的广告营销事件,所以本研究对于广告创意方的真实信息无从获知。但是,这不影响本研究对于该广告信息的策划、制作等方面的分析。

首先从策略方面,该广告舆论形成的源头是植入式广告,"相较于显性广告,其传播一改往日单纯依靠说教和推销的营销策略,使消费者在接受媒介内容的同时,不知不觉中接收到商品或品牌信息,达到广告主所理想的宣传效果"。[①]

回顾植入式广告在我国的发展历程,自2010年虎年春晚的广告植入,这种商业广告形式成为学界、业界讨论的共同热点。由于大众对春晚的植入广告批评声不断,社会对植入式广告的态度主要以

---

① 宋歌. 植入式广告法律规制研究 [D]. 东北财经大学, 2016.

批判为主。但是由于植入式广告可以在潜移默化中将产品与品牌信息输送入受众的脑海，以达成改变态度、形成偏好等目的，所以从诞生之初，植入式广告就受到广告公司的喜爱。随着广告研究者对植入式广告的不断探索与"为广告正名"类文章的频繁出现，受众的态度开始发生转变。这种环境的变化不断为植入式广告提供新的生长空间，因此，对待植入式广告，受众的态度逐渐进入正常化，该广告创意在广告策略的选择上没有出现失误。

从广告信息中的具体内容来看，该则隐性广告的制作稍显粗糙，暴露出较为明显的植入痕迹。如一段对话中，男性发出一条介绍性信息："圣罗兰 YSL 圣诞限量版彩妆都上新啦，今年的唇膏是星辰系列，就连唇膏膏体都有星星模样呢！里面还有大家都喜欢的星空色系呦。"通常情况下，对女性化妆品熟悉程度低的男性，在新产品还没有被广泛知晓的情况下就能详尽地介绍产品信息，这种情况本身就是值得怀疑的。同时，该表述并不符合大多数普通男性的用语习惯，如"呢""呦"等语气词更常为女性所使用，原因在于使用者"力求表现出女性的娇柔美"[1]。因此，语言的设定也成为该广告信息内容炮制中的缺憾。

（3）媒介 B3

对互联网上采集到的 376455 条信息进行深入分析，全网信息量最高峰出现在 2016 年 11 月 18 日，当天共产生 35539 篇相关信息。事件源头是 2016 年 10 月 1 日新浪微博上发布的一篇文章，题名为《国庆福利好啦，终于搞定店长订下几百只 YSL 圣诞限量色……》。后续报道主要来源于新浪微博、微信、百度贴吧、今日头条、新浪博客等几大站点。值得注意的是，媒介作为信息主体在此案例中承担了两次传播，两条路径分别对应不同的信息内容，一条是对广告信息本身，一条是引发对该广告信息中表达意见的探讨及相关评论信息的发布。

---

[1] 祁淑玲. 当代女性言语特点研究 [D]. 天津师范大学, 2005.

第一条传播路径如下。

①微博传播。2016年10月1日22:56分,新浪微博上发布了,题名为《国庆福利好啦,终于搞定店长订下几百只YSL圣诞限量色……》的文章,随后新浪微博上驻扎的众多代购销售店铺,均开始推送YSL星辰口红的相关信息。

②电商平台的多种传播途径。与微博传播相伴存在的是各类电商平台在社交媒体的全面推广,在一定时期内,YSL星辰口红一度成为每一个电商平台必备的广告信息内容。作为以出售商品为目的的电商平台,在YSL星辰口红一度断货的情况下,是否出售该口红也成为对电商平台实力的一种评判。

③微信公众号传播。该则案例中YSL星辰口红被热议与被疯狂抢购,离不开各种自媒体、女性公众号的炒作。YSL星辰口红的热潮由公众号"女神汇"于2016年10月17日发布的文章《叫男朋友送YSL星辰,他是什么反应?》点燃。目前,该文章阅读量在10万以上,获赞数量达10684次。随后这篇文章被许多公众号转载或进行一定程度的改编。

④微信朋友圈传播。由于该话题本身就带有热门属性,因此,通过各个公众号关注到该信息的微信用户,基于共同知觉对信息进行转发,形成了微信朋友圈的硬关系传播。同时,YSL星辰口红,作为圣诞限量系列,其奢华貌美的包装及打着限量的旗号吸引了众多女性,即便没有导致传播行为本身,许多女性也对传播信息进行了评论。

⑤其他网络媒介的传播。不少网络媒介的内容生产一定程度依赖于受众的关注焦点,随之"YSL星辰口红测真爱""YSL星辰和男盆友,你选哪个?""YSL星辰,圣诞前的把(yue)妹(pao)神器?"……各种关于YSL星辰的话题在网络媒介上被热传。

⑥视频网站的博主测评。如国内知名的视频网站"哔哩哔哩"上有众多美妆博主(指定期在视频网站公布个人拍摄的试用、产品推荐、产品吐槽等视频的注册用户)的试色视频,同时他们对包装、

口红显色度、饱和度、成分等内容进行了详细的说明,以动态视频呈现产品实务。

⑦网民主动搜索。"百度指数中,YSL 的搜索者中有 61% 是男性",① 作为女性用品,其被男性的关注程度前所未见。

第二条传播路径如下。

①微信公众号推送文章。在 YSL 星辰口红正被热议之时,对该广告信息的批判性声音开始出现。在微信公众号上出现了一批推送文章,对女性以男性是否送口红为爱情的证据等观点进行了批判。

②其他网络媒介跟风评论。由微信公众号掀起的批判热潮很快得到众多网络媒介的响应,如搜狐时尚频道的入驻作者撰写的《YSL 星辰惊现十几万支假货!4000 块钱当心买个坑!》。文章中称:

> 每到节日季,是各大护肤彩妆品牌推出节日限定版 holiday collection 的必争之地,每一家都不想放过猛冲销量的旺季。YSL 这次用力过猛,内容换汤不换药。②

该评论不够直白,以"用力过猛"为评论,但仍然表达的是对 YSL 品牌方营销方式的不满。除此以外,也有一些解析类的文章出现,对此次 YSL 星辰口红营销事件所引发的热潮做出阐释。如"界面网"金融频道的新生财经发布经济学相关文章《YSL 唇膏一夜爆红,但让人细思极恐的"口红效应"你知道吗?》:

> 一款大众陌生的口红突然刷屏,除了背后的营销手段外,与当前我们所处的消费阶段与经济环境密不可分。这很容易让人想到著名的经济学现象"口红效应"。"口红效应"是指因经

---

① 朋友圈见证 YSL 口红从火爆到跌落神坛 [OL]. http://blog.cnfol.com/zj16071213 085119460/article/1480495724-124278530.html.
② YSL 星辰惊现十几万支假货!4000 块钱当心买个坑 [OL]. http://fashion.sohu.com/ 20161020/n470775809.shtml.

济萧条而导致口红热卖的一种有趣的经济现象，也叫"低价产品偏爱趋势"……今天大众对YSL唇膏的追捧与"口红效应"的产生场景十分吻合。说到这里，有人可能会拿出圣罗兰是奢侈品这一论调来反驳。但实际上这支口红的定价本身没有十分昂贵，37美元的定价，定位本身就是"国民级"的消费品。

③视频网站博主开始将话题延伸。如"哔哩哔哩"视频网站，上面不乏对该送口红潮流的调侃，如"十二星座男教你如何应对女友要买YSL星辰""那种吵着要YSL口红的女孩是什么心理""口红畅销代表经济萧条，揭底口红婊"。

④评价类信息返回社交媒体。受到众多其他媒介的影响，共同知觉人群开始将信息回流输送至社交网站，在转发的同时进行评论，一方面是对YSL星辰口红产品本身，一方面是对女性要求男性送口红表达爱意的批驳，还有对于YSL假货横行的情况进行简单的信息传递。

事件由此发生转折，假货消息快速引发消费者对于YSL星辰口红真假问题的忧虑，给品牌带来恶劣影响，甚至有不少消费者感叹"YSL还有真货吗？""YSL假货横行"。

基于上述媒介在该广告舆论案例中的作用，YSL星辰口红的广告传播呈现出与前述两则案例截然不同的特征，由微舆情的事件监测可以发现，即便广告信息的传播在2016年11月18日达到顶峰，但是在热点消退极快的互联网端，该广告信息持续成为讨论热点是极为罕见的。

（4）受众B4

在本案例中，极大部分受众是热衷于购买口红的女性，她们本身就关注口红类产品的信息，有长期购买口红类产品的习惯与偏好。在假货事件曝光后，这类女性又热衷于寻找"真假辨别"类文章，以确定自己购买的YSL口红是否为真货。

还有一类女性，被广告信息中"买口红代表男朋友对女朋友的爱"等表述所吸引,并认可该种价值判断,因此在传播中起到推动作用。即便该种意见在传播后期多受批判,但是该类女性本身就构成了共同知觉人群,她们对这种意见的坚守确保了该广告舆论的形成。

该广告信息的受众同样包括男性,与前文两则案例中广告信息对男性的主动吸引不同。YSL 星辰口红作为女性化妆品,其广告信息通常不受男性的关注。之所以在该案例中存在男性受众,一方面来自于他们女朋友的强关系传播,一方面受到该信息传播热度的影响,在一段时间内,尤其是各种节日前,"买 YSL 星辰口红取悦女朋友""买 YSL 星辰口红泡妞"等信息的强势覆盖,也将不少男性纳入受众范围。

除此以外,在该案例中仍有一部分受众不属于上述任何一种类别,他们是在该事件受到热议后,通过对事件相关信息的获取,追根溯源后获知该广告信息的人群。通常他们对"男朋友只有送 YSL 星辰口红,才能表达对女朋友的爱"持否定或中立态度,对广告信息的卷入度不高。

(5) 意见领袖 B5

美妆类产品的广告营销在当下已离不开意见领袖的发声。该案例中,微博、视频网站等多种媒介平台上的网红的推荐,让这场女性之间的战斗上升到男朋友间的较量。

如"我叫孙佳佳""女神有药"等网络红人、网络知名公众号,其关注者有几万、十几万至几十万不等。与前述两则案例中不同,意见领袖对广告舆论的形成起到以下几方面作用。

①以转发抽奖的形式,快速吸引大量关注者。②发表对 YSL 星辰口红的溢美之词。这些意见领袖通过发布 YSL 星辰口红的精美照片,强化着受众对于该口红外观美感的认知。③收到男朋友赠送的 YSL 星辰口红的炫耀性内容。不少意见领袖也通过自身收到礼物后的兴奋情绪刺激其关注者。无论其意图是否是对该产品的推广,但产生的作用是对男朋友送 YSL 星辰口红表达爱意的意见的肯定。

④表达对YSL星辰口红的需求欲望。事件过去许久后，仍有微博知名情感账号"Leisure韩风"表示希望在生日收到赠予的YSL星辰口红。意见领袖也在不断延续YSL星辰口红的讨论，其所拥有的119万关注者均可见该条信息，并有部分关注者与之在微博上进行简单互动。

（6）其他官方机构B6

在该案例中，有一些其他形形色色的官方机构起到助推作用，如百度奢侈品品牌风云榜，公布了YSL荣登榜首的信息。这些官方机构对YSL星辰口红产品的影响力进行肯定。

但是，在该案例中存在完全相反的舆论，其他官方机构的作用也要一分为二。也存在官方机构对产品的负面舆论进行强力支撑，上一案例中没有出现明显作用的数据公司，在该案例中再次显示作用，尤其是在YSL星辰假货事件中。如亿邦动力网，作为出口电商行业调研者，提供了YSL星辰口红的相关售货信息。"亿邦动力网了解到，目前，YSL美妆官网上，美国和日本地区已经在出售该系列的口红。其中美国地区的价格是37美元（约合250元人民币），目前所有色号都在缺货状态；而日本地区的价格为4100日元（约合264元人民币）。"①

这是大量在中国内地进行出售的YSL星辰口红为假货的直接印证，即便不少消费者购买的渠道为海外代购，但是亿邦动力网所提供的信息说明，该产品在海外地区也属于缺货状态，并不存在大量真货代购的可能性。

在此案例中，其他官方机构对于广告舆论的形成所起到的作用是两极化的，但是毋庸置疑之处在于，其他官方机构的发声引发了相关话题再一次的传播热潮，无论一致性的意见为何，均促进了YSL彩妆品牌的知名度与影响力的提升。

---

① YSL星辰有点方 还没在中国上市却被卖疯了？［OL］. http://www.ebrun.com/20161101/199308.shtml.

4.5.3 广告信息软环境 D

（1）主流思想 D1

①男性挣钱养家，女性貌美如花。

在中国传统思想中，"男主外、女主内"的思想根深蒂固。大众普遍认为男性理应在社会中打拼，努力挣钱，而女性则与男性存在依附关系。"人们认为男人在维持群体生存方面的贡献大于女人"，[①]进而引发一系列更为具体的观点，如"男人就是挣钱，女人就是花钱""男人挣钱养家，女人貌美如花"等。这些观点影响了社会生活中男女相处的行为模式，如相亲或约会时男性负责花销，这既是对男性的刻板印象，也是对女性的刻板印象。但是，这种传统思想也为该则广告信息提供了一定的思想基础，即信息中呈现的均是女性向男朋友提出赠予要求，并表现出理所应当的姿态，其背后体现的就是男性花钱、女性享受的传统观点。

②男性花钱代表爱情。

无论是在古代还是在现代社会，男性愿意花钱通常是爱情的象征。相应的论述数量巨大，如《不舍得为你花钱的男人一定不爱你》：总有一些人，喜欢忽悠女孩子们在爱情中"视金钱如粪土"。

殊不知金钱真的是爱情中的试金石。[②]如《愿意为你花钱的男人不一定爱你，但是不愿意为你花钱的男人一定不爱你》：

> 似乎从古至今，人们常常把爱情和金钱对立起来，认为在感情中谈钱，就像是胸前的朱砂痣变成了蚊子血，变得俗不可耐。
>
> 但实际上，愿不愿意给女人花钱是检验一个男人真心的很好标准。

---

① 张建平. 中国"男主外，女主内"的刻板印象探析——基于社会性别视角 [J]. 法制与社会, 2010 (17): 200.
② 阿莱. 不舍得为你花钱的男人一定不爱你 [OL]. http://fashion.sina.com.cn/zl/style/blog/2014 - 05 - 09/10011246/1587243893/5e9b6b750102ear4.shtml.

浪漫的情话可以张口就来,没有成本可言。虽然动听,但只说情话而没有实际付出,时间长了,这份感情也显得廉价和无味。

我们早已过了耳听爱情的年纪了,感情不只是说说而已。①

此类文章在微信公众号或其他新媒体平台多次被阅读、转发。因此,无论是懵懂的少女还是嫁作人妇的女性,有一部分均将男士送礼物视为一种爱慕与疼爱心理的表现途径。一则对大学生情侣间赠送礼物行为的心理学研究也证实了这种思想在现代社会仍然具有较大影响力,如"情侣间赠送礼物与情侣间的爱情成分都存在显著性相关……情侣间赠送礼物是非常必要的……情侣间赠送礼物主要是为了维持感情……表达更加真实的爱"。② 这也为该则广告信息的传播提供了良好的群众基础,可以从案例中的公众号推文一经发出立刻受到不少受众自发的转载评论,与最终 YSL 星辰口红巨大的销售量均可以得到证实。

因此,本案例中的广告信息是对传统主流思想的一种迎合,只是将主流思想具象为促使男性给女性购买 YSL 星辰口红的具体行为。

(2)可讨论性 D2

该案例中,可讨论性也表现在两个方面。

①传统思想的动摇。如同上文所述,即便"男性挣钱养家,女性貌美如花"的传统思想仍属主流思想,但在现代社会被认为是对男性与女性的性别刻板印象。不少知名人士对此进行诸多论述,如著名畅销书作家张德芬经常撰写相关文章,主张女性"快乐的来源不能依附于其他人,女性的快乐不能依附于男人,而应该培养出一个自己的小世界"。③ 女权主义的盛行,也使得该性别刻板印象被动

---

① 愿意为你花钱的男人不一定爱你,但是不愿为你花钱的男人一定不爱你 [OL]. http://www.mmbang.com/bang/451/21682084.
② 周惠. 大学生情侣间赠送礼物行为的心理学研究 [D]. 曲阜师范大学, 2014.
③ 张德芬. 女人的快乐不能依附于男人 [OL]. http://lady.163.com/15/0412/21/AN1GAJPM002626I3.html.

摇。该广告信息的传播，为不少理性看待性别差异者和女权主义者提供了讨论与批判的对象，因此极大地增加了问题的可讨论性。

②媒介评论激发表达动力。有趣的现象是，已有不少现代家庭对女性的教育已发生变化，认为夫妻二人均是独立的个体，不应依附于男性，而仍有许多家庭对于男性的教育仍较为传统。部分男性认同新时代的观点，但是在社会生活中缺乏动机去进行表达。在传播后期，不少媒介与个人对表达爱情的方式与理性购物进行探讨，形成了意见池，促使不少女性与男性产生分享与表达的动力，因而增加了该广告信息的热议程度。

（3）相关规制 D3

该要素在案例中的作用表现较为突出，区别于前文两则案例，要素影响呈显性。但是我们对于规制的理解分为两个方面，首先要肯定的是本案例中的广告信息并没有违反相关法律规定，因此不涉及国家权力机关对该案例的管制。但是，由广告传播引发的其他信息传播与相关事件同样受到法律与社会道德、价值观等其他因素的规制影响。如案例中直接引发的假货事件和对爱情表达方式的认知矛盾，因为与法律、社会道德等规制产生相悖之处，与广告信息伴随而来的是"假货营销""庸俗价值观"等非议。

广告传播是媒介传播的一部分，更会引导消费倾向与思维模式。然而，自由和自律、责任和义务是统一的，广告信息也应承担相应的社会责任，保证广告信息的真实性、积极性、正确性。否则必然导致相关规制对广告传播信息的反作用。从产品影响力角度看，该广告传播是成功的，但从品牌形象角度观察，这次 YSL 的营销，直接导致了不少消费者对品牌的厌恶情绪，形成了明显地对广告信息所传递意见的批判性舆论。

4.5.4 广告舆论的形成过程

在该案例中，广告舆论有二：第一，YSL 星辰口红很美，男朋友送 YSL 星辰口红代表了对女朋友的爱；第二，爱情不需要通过送礼物（尤其是口红）而印证。其形成过程区别于普通舆论"意见发生—意见传播—意见整合—舆论形成"的流程，且与前述两则案例中广告舆论的形成过程存在差异，特征如下。

首先，YSL星辰口红案例中意见的发生同样是基于广告信息内容中所包含的意见，相关讨论由此展开，意见分散而多元。如对YSL假货的讨论、对爱情表达的观念等，均被纳入讨论范围内，但意见的强度存在差异。其次，在意见传播阶段，共同知觉人群的讨论过程不一定夹带广告信息本身，这与本案例中未制作广告视频有关，没有简单易行的转发工具导致人群的议论主要是基于YSL口红的产品与观点本身。在意见整合阶段，共同知觉人群仍是基于共同利益进行意见的整合，意见领袖、其他官方机构等同样作为共同知觉人群，自发而自觉地进行广告意见传播。本案例与《我是谁》案例的不同之处在于其发声是对共同知觉人群利益的争夺，第一个广告意见明显不同于第二个广告舆论中的意见。最后，在舆论形成阶段，广告舆论的展现仍然通过与新闻舆论间的链接，形成的广告舆论通过新闻媒介来呈现。

4.5.5 总结与系统要素的确定

YSL彩妆品牌在2016年圣诞节前推出的星辰系列口红，通过一则公众号推文《叫男朋友送YSL星辰，他是什么反应？》引发了大众对于该口红产品的广泛讨论。广告信息中的问题是YSL星辰口红本身，即便公众号推文极力隐蔽口红品牌与型号，但是可以明确推文是一则YSL星辰口红的植入式广告。在广告信息的内容中，明确表达的意见有两个：第一，YSL星辰口红很美，每一个女性都想要；第二，男朋友只有送YSL星辰口红，才能表达对女朋友的爱。

在广告信息主体方面，由于传播后期出现了对该广告信息的批判性意见，形成了对广告批判性评价的舆论，对品牌产生负面影响，品牌方通过采访否认了这是品牌进行的营销活动，因此难以准确判断广告主,在案例研究中对两种假设分别进行了阐释。媒介方的分析也存在两条线索,第一,推介产品本身的信息传播媒介,第二,事件发生后,对该广告信息评价的传播媒介。受众也呈现出更为细分且差异性大的特征,但均构成一定范围内的共同知觉人群,因此也使最终形成的广告舆论分为几种不同意见。意见领袖的构成与作用更为多元,总体呈现出对信息传播的扩散、对意见进行引导并长期维持话题热度的三个作用。其他官方机构表现出与上文两则案例截然不同的特征,官方机构所支持的舆论内容是截然相反的两种。但是其所起到的作用并没有发生改变,仍是对舆论形成的一种权威认证,且再次引发相关话题的传播热潮。

在广告信息软环境层次中,突出表现的是相关规制要素,与前文两则案例中该要素的隐性表现不同,在该案例中,相关规制要素的影响呈显性。广告信息本身并不违反相关规制,但是其引发的一系列社会反应,仍受法律与社会道德、价值观等其他因素的规制影响。否则必然导致相关规制对广告传播信息的反作用,本案例中就出现了明显地对广告信息所传递"男朋友只有送YSL星辰口红,才能表达对女朋友的爱"的意见的批判性舆论。

经过对该案例的分析可以发现,没有出现必要的层次与要素调整。因此,可以得出相应结论,即经过第一则案例的分析与调整后的广告舆论系统层次与要素假设经受了多案例的重复性验证,将被视为已证实的后续研究的基础。广告舆论系统层次与要素结构框架如表4-8所示。

表4-8 广告舆论系统要素

广告舆论系统要素	
层次	要素
广告信息资源A	问题A1
	意见A2

续表

广告舆论系统要素	
层次	要素
广告信息主体 B	广告主 B1
	广告公司 B2
	媒介 B3
	受众 B4
	意见领袖 B5
	其他官方机构 B6
广告信息软环境 D	主流思想 D1
	可讨论性 D2
	相关规制 D3

5 功能发挥条件分析：广告舆论系统必要的内在属性

5.1 适应条件

广告舆论是在广告传播过程中，经共同知觉人群互动、协调而产生的基于共同利益的整合性意见。综合了广告内涵外延由"广而告之"的工具性认知转变为理性与价值认知的统一；传播媒介的形式由招牌、报纸、广播、电视、楼宇、手机短信到网络等新媒体的发展；受众广告态度意识由最初的带有商业原罪逐渐转变为为生活提供便利性等客观认知的等变化，这些变化均是广告舆论适应社会发展，与社会环境密切联系的证明。因此，需要对满足广告舆论系统适应条件的相应结构性要素进行发展痕迹的梳理。

5.1.1 信息设定的受众取向

广告舆论信息资源的案例研究中，问题的提出与传播信息的设定或基于对目标人群兴趣与关注焦点的抓取，或是强调内容的新奇性，或是问题的影响力。如《她最后去了相亲角》案例中，"城市大龄未婚女性""剩女""相亲"，这些内容随着社会发展成为社会新现象，同时也是社会热议话题，是涉及每一个女性社会生活的重要内容。如《我是谁》案例中，共产党党员形象的话题是党内工作的重点，也是受众关注的焦点。同时，在传播中吸引关注的焦点在于"中国共产党第一次打广告"，即便这种说法被证实是错误的，在此之前，中央电视台也播出了一则同样目的的公益广告。但是，从网民在网络端转发与评论的语言中可知,"第一次打广告"的提出是有说服力且具有新奇性的。如YSL星辰口红案例中,如同不少分析文章所述,在经济学中的"口红效应"解释了该案例中提出的口红问题吸引众多关注的原因。

这种问题设定的受众取向不难理解,在网络时代,受众注意力成为稀缺资源,网络弱化了社会精英阶层和权威媒体对信息资源的把控,媒介报道选材也通常把网民关注的焦点当作依据。①中国人民大学舆论研究所所长喻国明在对《瞭望》新闻周刊的采访中表示,能引起网民高度关注的事件体现在八个方面:政府官员违法乱纪行为;涉及代表强制国家机器的政法系统、城管队伍;涉及代表特权和垄断的政府部门、央企;衣食住行等全国性的民生问题;社会分配不合理、贫富分化;涉及国家利益、民族自豪感;重要或敏感国家、地区的突发性事件;影响力较大的热点明星的火爆事件。②有不少学者将媒介经济的本质解释为"注意力经济",注意力经济理论将注意力视为资源,认为媒介经济是依托注意力进行的生产、分配、消费的媒介与大众间的经济关系。在微博上红极一时的桔子水晶酒店十二星座系列微电影也是如此,其微电影能否受到观众的欢迎最重要的一点在于微电影的主题,主题契合观众口味的微电影通常会受到观众的欢迎。据广告主自己介绍,在制作该系列广告微电影前,他们对微博上的热门话题进行了研究,由于网民普遍关注的焦点是"爱情"和"星座"两个话题,他们便将其设定为微电影的主题。在内容设置上,广告主请来星座专家为内容把关,将"星座"与"爱情"有机结合,提炼出每个星座的男性对待爱情时的突出特征。选取男性为话题主角的本意是在抓住女性受众的同时波及男性受众,吸引眼球,扩大传播。因此,广告舆论信息资源的设定要符合受众

---

① 孙玮,张小林,吴象枢.突发公共事件中网络舆论表达边界与生态治理[J].学术论坛,2012(11):117-121.
② 杨琳.网络舆论热点增加社会紧张度上升基层不受信任[J].瞭望新闻周刊,2009年7月6日.

取向，才能适应媒介环境与受众的变化。

5.1.2 网络媒介的全面介入

在互联网技术之上，人类创造了相对于现实世界而存在的人类精神交往的第二世界。[①] 现如今，网络媒介主要有网站、社交媒体、传统媒体网络版、移动端应用等，如门户网站、视频网站、微博、论坛、电视和报纸的网络版、日益增多的手机应用等。每秒钟都有海量的信息在被创造和进行流通，一条信息在网络媒介平台上能够呈放射性的传播，且能摆脱时间、地域的限制。因此，网民可以在互联网端，通过付出较少的成本获取到几乎任何想要的信息。同时，由于网络媒介的门槛低、开放性、去中心性等特点，网民的身份从单一的信息接收者变为了信息的创造者和信源。每一个网民都可以通过各种应用和平台与其他网民、企业、组织、政府进行或简单或深入的沟通交流，表达个人观点。

广告舆论的形成中，一定存在将意见拉伸至公共领域的程序，以提供意见互动的平台。谈及舆论的本质，一个重要的构成要素就是"数量"问题，媒介平民化将舆论扩展到以往都不曾比拟的数量。这意味着现代广告舆论的形成，均一定程度存在互联网媒介的参与，受到互联网发展的影响，网络媒介已对广告舆论的形成展开了全面介入，上一章中的每一则案例都离不开网络媒介。全面考察几个广告舆论案例，无论是直接选择在网络端发布视频广告，还是选择由传统媒介作为传播的开始，意见交流互动的过程均以传播路径中的互联网媒体（尤以社交媒体为代表）的介入为起点，传统媒介已在广告舆论形成的过程中处于被边缘化的处境。由此，可以推论另外一个观点，排除历时性的思考，现阶段广告舆论的诞生由互联网媒介的诞生与网民的全面参与作为标志。传统媒体时代，舆论学者或广告学者笔下的广告舆论，或许只存在于媒介公关新闻中对舆论的

[①] 李鸿，李金翔. 对"第四媒介说"的质疑 [J]. 新闻传播，2002（12）：54－55.

仿拟，也可能只是流行于街头巷尾中，是以人际传播为形成路径的口碑，亦或是李普曼口中的"人们脑海中的想象"。大范围内共同知觉人群进行充分的意见互动、融合、趋同，最终达成共识的可能性因为互联网，尤其是社交媒体而被增大。

基于网络媒介对于广告舆论形成的全面介入，对于网络媒介的应用问题显得尤为必要，这意味着广告信息主体要对网络媒介进行全方位的了解，熟练利用网络媒介进行信息的传播。然而，信息的生产者在网络平台上的地位并不平衡，虽然网络平台赋予每一个网民同等的传播权利，不同网络舆论群体、网络舆论成员的地位仍处于不平衡状态，所发声音并不能获得同等数量级的关注。如在微博平台上，普通微博用户、微博红人、微博公知、名人微博、企业官方微博、传统媒体官方微博、政府微博受其在现实社会中地位的不平等性影响，粉丝数量差距可在万倍、几万倍、几十万倍级别。在这样的差距下，哪怕普通微博用户提供事件信息更快更新更具价值也不一定能受到大范围的关注，而传统媒体的微博官方账号则与生俱来的具有一定官方权威性。

5.1.3 对主流思想的妥协与抗争

在物质匮乏的社会中，工具理性下的广告强调"物"的逻辑，使广告内容可以剥离于现实生活将产品单独呈现。但在物质极大丰富的社会中，广告叙述的内容基础不再是"物"，而是融入于生活场景中，强调了品牌或产品在生活情境中存在的意义。

社会环境表现出低可控性。如前文所述，作为人工系统的广告舆论系统，其系统环境发生任何变动与调节都是为了提高与满足人类物质文化生活的需求而创造，也由上层建筑决定。因而，由于产生舆论的信息资源与信息主体的不同，与之相对应的社会环境呈现出明显差异性。除非有强制力的主体出现，如立法机构、政府机构等，社会环境的可控性较低，不存在普通社会组织与个人造成突变的可能性。

案例研究同样可以印证这样的观点，广告舆论系统中，广告舆论的形成通常使用社会焦点问题作为切入点，迎合或依赖社会主流思想，这是对社会环境中主流思想的顺从，却不盲从，在主流思想与社会变革中找到合适的平衡点，不做"第一个吃螃蟹的人"，却勇于"打响第一枪"。值得注意的是，建立品牌或产品与思想间联系的过程通常被简化，广告信息往往直接架构出品牌或产品与某个焦点、标签、思想间的联系。

5.2　目标条件

广告舆论系统的目标是达成广告目的，没有广告舆论的形成不掺杂广告目的，因为广告"是由一个可确定的来源，通过生产和发布有沟通力的内容，与生活者进行交流互动，意图使生活者发生认知、情感和行为改变的传播活动"。[①] 回顾帕森斯的理论，目标条件是行动系统存在的意义，为了实现该意义，必然需要动员所需资源。因此，广告舆论系统中，所有为达成广告目的所必需的手段、形式、资源均为目标条件的内容。

5.2.1　信息资源与广告目标的契合

信息资源中的意见与广告活动的主题或广告目标间的契合度至关重要，需要结合广告目的而进行设定，这决定了共同知觉人群关注焦点的方向。

如《她最后去了相亲角》案例中，与品牌关联度较弱的意见表达导致人群讨论方向与广告主题的偏离，但是广告传播中形成了广告舆论，提升了广告品牌形象，大众普遍意识到这是一则品牌广告，但对商业品牌的排斥感已大幅降低，该广告视频是要与需要精神支

---

① 陈刚，潘洪亮．重新定义广告——数字传播时代的广告定义研究 [J]．新闻与写作，2016（4）：29．

柱的女性产生共鸣，她们需要一个品牌帮忙传递所向往的一种独立、自主的生活态度。归根结底这些都跟她们是否用得起 SK-Ⅱ护肤品没有关系，但从品牌方公布的数据显示，该广告传播活动的确促进了产品销售。如《我是谁》案例中，内容中表露出的意见主旨非常明确，直指对中国共产党党员的高标准、严要求，与对中国共产党与人民群众间关系的定位，使得群众意见的流向基本与广告传播设定的目标相同，没有出现明显的偏差。并且，在共同知觉人群共同的努力下，意见越发彰显，甚至流变为一定时间段内的流行语。如YSL星辰口红案例中，即便意见着重于表达口红的美，将为女性购买口红与表达爱意相联系，但意见的表达直接促进了口红的销售。

5.2.2 优化广告创意与制作

长此以往，大众通常认为广告是与带有商业意图的操纵、误导、欺骗相联系，[1] 因此，为达成广告目标，对作为源头的广告信息需要有高质量的要求，主要包括以下两方面。

（1）广告创意

广告创意是"广告人综合运用各种天赋能力和专业技术，由现有的资源中求得新概念、新样式"。[2] 创意是连接受众与广告主间的桥梁，使得所表达的特征能够深深根植于人群的脑海中，形成独特的印象。在互联网环境里，海量信息与多元内容使得覆盖率、强制性并不能保证广告传播的效果，核心问题就在于只有好的创意才有传播，传播是形成广告舆论进而实现广告目标的基础。大众长期以来对国内广告创意的批判促使一部分广告人着力进行创新，力求超脱世俗一鸣惊人的创意，然而过犹不及则会使得广告人在广告中提

---

[1] 黄升民，陈素白. 社会意识的表皮与深层——中国受众广告态度意识考察[J]. 现代传播（中国传媒大学学报），2006（2）：20-26.
[2] 沈虹，万丽慧，郭嘉. 互联网广告创意传播研究——从互联网广告创意人和网络使用者双重角度看互联网广告创意传播的现状[J]. 广告大观（理论版），2009（1）：49.

出怪异的主张，自己却认为是一种创意的创新。这样确实在一定情况下会产生轰动效应，但其实是广告人自身不正确的广告审美。思维要转换，创意要摆脱旧模式，并不意味着广告人要无视自然规律和受众智力，把无聊无关的内容生搬硬套不能称为创意，而应算是诉求失当。

（2）广告制作

广告的制作同样重要，《她最终去了相亲角》《我是谁》的广告视频均制作优良，尤其前者，在线下的活动也力求设计制作的高要求，因而极大地提升了受众的观感。相反，如同上文案例分析中所述，YSL星辰口红的广告信息制作粗糙，从内容设定到语言表达上均暴露出较为明显的植入痕迹。即便在信息传播当下没有被受众识破，但是广告舆论的形成是一个经过意见互动的过程，该广告在后续的传播中也多受批驳，大大降低了共同知觉人群凝聚的动力，从而引发了两则截然不同的舆论意见形成，给品牌带来负面影响。一次高质量的广告传播必然是在广告创意得到优秀的制作后，再结合合理科学地投放，这样才能产生明显的广告效果。个人和社会组织想要将广告传播的价值最大化，就必须注意广告信息的加工制作。

5.2.3 传播中的议程设置

只要存在大众传播，舆论形成过程中的意见传播阶段都可以看到主流媒体的介入，差别在于介入的方式。不变之处在于，大众传播造就了注意力的稀缺，因而必然存在媒体的议程设置及其对意见的传播与对公众的影响。舆论形成的关键过程在于共同知觉人群的意见互动，但大众媒介对于舆论的引导仍然至关重要。"议程设置理论第一次从实证的角度揭示了媒介传播影响公众舆论的内在机理。"[①] 马克斯韦尔在阐释与大众媒介紧密相关的议程设置理论时，直接将之与舆论相联系，

---

① 金君俐. 社会转型背景下的报纸舆论引导研究［M］. 杭州：浙江大学出版社，2014：75.

认为可以概括所有关于某个问题的"持续对话与辩论",媒体通过报道将其认为重要的议题植入到公众的脑海中,成为公众认为重要的议题,而大量的实证研究也印证了这种观点。

即便现阶段互联网改善了传统媒体的弊病,即只告诉公众持什么态度而不告诉公众要想什么,但从本质上,信息爆发加剧了注意力资源的稀缺性,而媒体对注意力仍存在控制力。网络媒体弱化了议程设置的效果,但广告活动的目的导向却使操作方极力地逆其道而行,与受众主动接受信息的媒介环境进行对抗。通过技术手段,议程设置甚至比传统媒体时代更为凸显也更为隐蔽,使受众在不知不觉中被操控。① 因为优秀的隐藏的议程设置有利于达到预期的宣传目的与效果。Marilyn Roberts 等对互联网端议程设置的效果进行了研究,他们以五份主要新闻媒介为研究对象探讨其新闻议程是否会对电子公告板上的讨论产生议程设置效果。结果表明,即便是传统媒体,仍具有针对网民的议程设置功能。如,"信源被视为塑造新闻框架的重要变量,是形成意识形态的首要与关键步骤"。② 如同《她最终去了相亲角》案例,网络端的信源来自普通的微博个人账户,民间信源一方面可被视为无商业意图,另一方面也可作为广告传播的前期预测,这种预测方法已多被广告公司应用。在《我是谁》案例中,网络端的意见信源也来自民间,降低了受众对于官方话语的排斥度。在 YSL 星辰口红案例中,同样是来自于民间的意见信源,却因为公众号隐藏的商业背景与内容设置中的缺憾,很快就被识破了其植入式广告的本质,同时引发了不良后果。

5.2.4 意见叠加与权威认证

在案例分析中,意见领袖普遍存在,这符合部分学者对舆论生

---

① 冯梦莎,王静. 试论议程设置功能在网络环境中的强化 [J]. 东南传播,2009 (7): 105 – 106.
② 转引自夏倩芳,张明新. 新闻框架与固定成见: 1979 – 2005 年中国大陆主流报纸新闻中的党员形象与精英形象 [J]. 新闻与传播研究, 2007 (2): 31.

成的意见叠加说,他们认为舆论的形成可以类比为搭积木,在处于最底层的积木一定程度上决定了积木搭建的高度极限,因此舆论形成的基础主体"往往由具有一定社会地位、社会身份,或具有某种专业优势的个体来担当",[①] 这就是所谓的意见领袖。对意见领袖要素的分析体现了影响力经济论的观点,影响力经济论的产生是为了解决注意力经济理论中的缺陷。在该理论中关注的不是受众的注意力,因为对注意力的吸引可以通过媒体影响力得到保证。其中的"影响力"其本质是对受众的一种控制力,带有强烈的目的性和功利性。在信息传播过程中,掌控受众的认知对象、认知范围、认知程度,以及引导受众形成态度和倾向,从而凝聚起在受众中的权威。

另一个保证广告舆论形成以实现广告目标的要素在于其他官方机构,案例研究显示,这些官方机构具有多变性,一定程度担任权威认证的角色。如同政治经济学家眼中的大众传媒,他们认为"大众传媒本身也提供一些能够经常替官方说话的'专家'"。[②] 权威认证步骤的意图是为广告舆论的形成敲锤定音,由于信息传播路径的复杂性,与共同知觉人群意见互动的高频繁程度,人们难以在纷繁复杂的信息流中形成对一致性意见的感知。因此,权威认证是在意见叠加的基础上,对意见一致性的表达与强化。其他官方机构的发声增强了共同知觉人群对共同性意见的知觉,有时即便意见尚没有完全达成统一,却也可如沉默的螺旋理论中所述,促使不同意见者保持沉默,促进意见的趋同。

5.3 整合条件

系统的整合条件是指系统内部单元件的相互协调以保持系统功能正常发挥。在广告舆论系统中,指的是广告信息主体层次中广告

---

① 邓若伊. 论自媒体舆论环境的特征与变化 [J]. 新闻界, 2013 (10): 56-59.
② [美] 爱德华·S. 赫尔曼, 诺姆·乔姆斯基. 制造共识大众传媒的政治经济学 [M]. 邵红松译, 北京: 北京大学出版社, 2011: 21.

主、广告公司、媒介、受众、意见领袖、其他官方机构间通过关系的调整，共同贡献于发挥系统功能的整体。各个主体有序地在广告舆论系统中扮演各自的角色，维护各方的合理、合法的权益，以促进整个广告舆论系统的和谐运转。

但是分析又分为两个类别，一个类别是由广告主、广告公司、媒介、意见领袖与其他官方机构所组成的具有一定可控性的广告信息主体；一个类别是整个广告舆论系统中，可控性最弱的受众，因其是广告信息需要获得偏好的主体，且通常不能通过经济手段进行控制，因而需要单独列出。

5.3.1 可控性信息主体的通力合作

以促成舆论形成的目的与功能进行分类，吕文凯在《舆论学简明教程》中将舆论的形成路径分为"社会公众自发形成"与"社会组织体系有意识、有目的地通过大众媒介广为宣传而自觉形成"两种。广告舆论通常属于自觉形成的舆论，有较为明确的主客体。其意图在于实现广告目的，目的与作用十分明确，这意味着在整合条件上需要各广告信息主体的通力合作。

事实上，各方合作取决于各方信息的积累和分享程度。沟通缺乏的社会特征在网络时代已经得到改善，公共关系行业的发展为这种路径起到了极大的促进作用。但是在现实中，为促进广告舆论的形成，广告主、广告公司、媒介、意见领袖与其他官方机构仍需要充分沟通、通力合作。这种合作的本质意愿不能仅仅基于广告目的，而是要将社会公共利益纳入考虑体系中。基于广告舆论的核心在于"共同利益"，因此，即便受到广告目的的影响，可控性信息主体也需要站在更高的角度去规划社会建设的蓝图，通过意见引导促进广告舆论的形成，以引领社会发展的潮流。

5.3.2 激励受众参与互动

现如今，人类生活的方方面面已将线下结合线上，很多内容已从线下转至线上。因而，互联网所创造出的一个虚拟世界也不再虚拟，其与现实生活间的界限被打破并逐渐融合。同时，网络媒介培养了网民畅所欲言、互惠分享的习惯。据调查显示，"60.0%的中国网民对于在互联网上分享行为持积极态度；有43.8%的中国网民表示喜欢在互联网上发表评论；53.1%的中国网民认为自身比较或非常依赖互联网"。① 这是因为与传统媒体不同的网络媒介的公共性、匿名性，和人类本身的利他主义动机和自我表现动机。网民习惯于通过互联网分享与表达来进行更立体的自我展现，或塑造一个不同于现实生活的个人形象，以得到心理满足。

然而，这种分享互动的态度并不能针对所有类型的信息，针对广告舆论系统，案例研究发现，引发受众主动进行意见互换的信息内容存在以下两种。第一，与个人息息相关的信息，如《她最终去了相亲角》案例中，属于广告视频中所描述的大龄城市单身女性容易受到感染而进行转发评论，曾有相似经历的人群也对意见进行了交换。《我是谁》案例中，由于广告信息是对中国共产党党员形象的描画，极大地激发了共产党员的互动参与。第二，广告信息环境也造就广告信息的可讨论性，没有争议性的内容无法激发大众意见的交换。

5.4 维模条件

5.4.1 信息的可讨论性

人群也存在对广告的"消费"行为，这种消费衍变为"主体间的互动机制"，② 没有争议性的内容无法激发大众意见的交换，即维持这种互动机制。话题是否具有争议性与可讨论性是广告舆论系统

---

① 中国互联网信息中心．第35次中国互联网络发展状况统计报告［EB/OL］. http://news.mydrivers.com/1/381/381898.htm.
② 荣鑫．广告：消费社会的统治策略［J］. 北方工业大学学报，2016（2）：28-33.

运行的维模系统。对于可讨论性，也有以下要点。

(1) 内容的普遍性

观察几个案例，广告信息所包含的内容具有普遍性，即是大众在日常生活中所熟悉的内容。这是因为受众信息资源的占有量存在巨大差异，网民是现实社会中各阶层各行业人群所在互联网中的共称，同现实社会中一样构成复杂，因而存在素质和资料占有的参差不齐。在针对特定问题的阐释时，一个相关从业者所掌握的专业信息与知识技能必然比其他人多，且即便同为相关从业者，也因从业年限长短、所处职位等差异而影响资料占有。同时，互联网上不缺少信息，而缺少处理信息的能力，而专业人士具有他人欠缺的对资料进行处理和分析的能力，更加剧了资料占有的差距。因此，若想促进大范围内共同知觉人群的意见交换，必然需要考虑信息占有量的不同，提供具有广泛人群讨论可能性的内容。

(2) 促使信息的全方位流动

网络也是一个生态系统，网络传播是人类的信息传播活动，信息的流动是最重要的运作机制。但是，网络信息传播存在非常显著的不平衡现象，这种不平衡有两种不同情况存在，由传播渠道的不通畅和因流动不能满足各受众信息需求两种原因造成的信息流动的不平衡。广告舆论活动中存在信源生产者、信息传播者、信息接收者、信息规制者等多种角色，且各角色的身份在网络端具有可互换性的特征。然而各个角色在信息流动中同样重要，不可缺失。当信息生产者将信息创造出来，如果缺失传播者，信息将无法继续在更大范围内流动，被掩埋在海量的互联网信息中。同时，每个角色对信息的需求并不一致，当某角色的信息需求不能得到满足，一方面会产生负面情绪，影响舆论的形成，另一方面不全面的信息获取会影响舆论的客观性。

5.4.2 传播中的风险控制

广告舆论与现实舆论不同，基于网络媒介对广告舆论形成过程的全面介入，不得不将网络人的特性加入功能发挥的维模条件中。网络人是基于片面的符号、图片、视频，抛开现实社会中姓名、性别、职业、阶层所形成的。在非面对面、隐匿身份的环境下，网民可以摆脱现实社会的多种限制畅所欲言。这在一方面促进心理最真实想法、态度、观点的表露和展现，另一方面，所表达的信息可能只是一时的宣泄，于是出现了所谓的"网络暴民"。另外，基于广告信息编码的差异与信息衡量尺度的不同，受众解码必然无法全然如同编码时的设想，因此存在舆论风险。

在广告舆论系统中，在不同知觉群体、群体成员间，存在一种竞争关系。竞争的内容不再是现实社会中的金钱、社会地位、配偶等，竞争的内容也是一种作为发声者的权利，表现为被关注度、观点的影响力等具体形式上。"技术涨落的出现使得特定要素或群体获得'不公平'的优势，非线性作用使得这些要素或群体的某些协同运动趋势优势放大，从而占据了领导地位"[1] 指的是系统中的非平衡性或直接或间接的造成了系统中成员种类多、差异大，因而造就了群体不仅在特定条件下合作，也在竞争中协同发展、一同进化。也就是说，广告舆论系统并非一定产生系统风险带来危害，对于传播中舆论存在的种种问题和所带来的风险，从纵深的角度去挖掘，其原因还是在于社会环境本身。网络本身无法作为，只是提供了一个平台。这些问题也同样出在现实社会中，是社会转型期下所产生的种种问题在网络平台上的投影。但是作为维模条件，广告主、广告公司需要对这种传播风险进行评估，以应用方式策略来降低风险。

---

[1] 王珊. 基于自组织理论的网络社会生态系统演化研究 [D]. 北京交通大学，2010：25.

6 广告舆论的社会功能及其作用机制

在 AGIL 理论的指导下,上一章通过对广告舆论系统结构要素的探索分别对广告舆论系统发挥功能的四个条件进行了研究。本书认为适应条件下,广告舆论系统必要的内在属性是信息设定的受众取向、网络媒介的全面介入、对主流思想的妥协与抗争;目标条件下,必要的系统内在属性是信息资源与广告目标的契合,优化广告创意与制作、传播中的议程设置、意见叠加与权威认证;整合条件下,必要的内在属性是可控信息主体的通力合作、激励受众参与互动;维模条件下,信息的可讨论性与传播中的风险控制是广告舆论系统的必要属性。

广告舆论社会功能是形成广告舆论的必要条件作用于社会系统的客观结果。上述结论解释了必要条件是什么,本章将通过详细的论述揭示这些必要条件是如何作用于社会系统,客观结果是什么,即得出广告社会功能的研究结果。

上述研究除了可以指向本研究中的广告舆论社会功能研究结果,也对前人研究的成果做出一定批驳。如之前学者所述,广告舆论具有的刺激消费功能是无法在本研究中体现出来的,因为广告舆论形成的本质原因在于意见的整合,意见与行为之间的转换仍存在许多干扰因素。在案例研究中,两则商业广告传播的案例均对促进产品销售起到作用,但是这种消费促进的现象与广告舆论是否相关、关联为何,尚待进一步的考察。同时,公益广告并不涉及消费行为,因此刺激消费功能即便存在,也仅限于商业广告传播的范畴内,与之相似的是对于"政治宣传的辅渠道"的功能总结,均不能作为广告舆论的整体性社会功能研究的结果,而是基于广告类型细分下的思考。如"提高信赖功能""社会矛盾冲突的减压阀""民主政治建设的新元素"等广告舆论社会功能的描述同样在本研究中被证实是不存在的，只能作为广告舆论社会功能在发挥中的效果。

6.1　镜像功能

适应条件下，广告舆论系统的内在属性包括信息设定要符合受众取向，要合理利用网络媒介，信息内容存在对主流思想的妥协与抗争。因而，在作用于社会系统时广告必然存在镜像功能。

学者何辉在研究广告消费文化时提出了广告的"镜像功能"，是说广告可以反映当下社会意识形态和消费文化。因此，镜像功能的这种提法并不新颖，但在广告舆论系统的研究下，得到了充分印证，且更为全面。黄升民教授认为广告就是时代镜像[①]的说法则更为符合广告的镜像功能。通过要素的对照，可以发现广告的镜像功能主要表现为以下几个方面。

6.1.1　对共同知觉人群的特征描述

在广告舆论形成的过程中，信息内容需要符合共同知觉人群的取向，具有普遍性。这意味着广告信息需要对共同知觉人群进行科学的研究，"进入人群心理'防线'之内，明确人群的潜在需求，实现对人群的'精准'把握；同时，对目标人群的挖掘不仅限于纵向，也包含横向。通过对用户的分析，可以帮助企业深度挖掘潜在受众"。[②] 捕捉他们的信息取向与人群的共性，而后制作出相应的广告信息，以扩大受影响的人数。

因此，广告信息的设定即可反映出共同知觉人群的特征。如强生"关爱背奶妈妈"广告传播活动，背奶妈妈指的是生育后需要利

---

① 黄升民．广告就是时代镜像［N］．中国经营报，2005-01-03．
② 晋艺菡．小微企业微博营销研究［D］．武汉大学，2012．

用工作间隙为子女储存母乳的职业女性。即便背奶妈妈是社会中普遍存在的社会与家庭角色，但是社会对该角色的认知也是缺乏的，这一点可以从日常生活、工作、公共环境中缺乏对背奶妈妈的关照得到印证。在强生的广告视频信息中，明确反映出这群既需要工作也需要母乳喂养的女性在生活中的困境，如"取奶环境恶劣"、尴尬情景频发等，视频画面中背奶妈妈真实的落泪镜头感染了许多共同知觉人群。广告传播中，广告主号召背奶妈妈们在官方微博"强生婴儿新妈帮"上申领临时哺乳室贴，将闲置空间转变为临时哺乳室，改变背奶妈妈们的取乳环境；号召大家分享身边可供使用的哺乳室，建立哺乳室地图。最终，该活动得到了广泛的关注和支持，不仅得到了受众的参与和支持，主流媒体对之进行报道，相关明星也自发地进行微博转发与评论，将活动推向高潮。广告精心地将"背奶妈妈"这一人群进行描画，并深刻地将该人群形象根植于广告舆论涉及的人群心目中。即便这是一则如同《她最终去了相亲角》一样的品牌广告传播活动，但是切实地起到促进大众对该类人群的认知与理解。

6.1.2 对社会主流思想与思想变革的反映

广告信息中存在对主流思想的妥协，以信息传播为己任的广告通常也是舆论的传播载体，即广告信息将舆论裹挟在内容之中，以博得关注、获取偏爱，是广告传播最可靠的方式之一。谈及这种广告对主流思想的利用的本意，林凯在《社会话题与广告传播舆论化刍议》一文中指出，舆论的形成源于公众对社会话题的广泛关注，将舆论融入广告活动的主要目的就是利用既有的舆论来吸引消费者的注意，获取注意力是广告在纷繁复杂的传播环境中胜出的重要因素。因此，广告信息是对主流思想的一种反映。

广告信息中同样存在对主流思想的挑战，但是这种挑战并非空穴来风。如同前文所述，在策略上，广告通过树立对事件的观点，意图颠覆中国传统观念的想法颇具野心的，且通常并不容易达成广告传播的目的，更容易因偏离社会主流而受到批判。因此，如在广告信息中存在挑战主流思想的内容，需要存在社会主流思想的变革的风向，是一种顺势而行的做法。如同《她最终去了相亲角》案例，信息中所关怀的是不符合社会主流思想的女性。这主要是基于女性的价值归于家庭的主流思想不适应现代社会发展的现实，已暴露出诸多问题，出现了思想的动摇与变化。广告信息对这种社会趋势洞察后，采取了一种更为缓和的表达方式，因此广告信息一定程度上也表现出社会思想的变革。

6.1.3 对媒介技术发展与革新的体现

对于网络媒介的全面介入，广告从业者的嗅觉是极为灵敏的。在互联网端，广告形式是一个日新月异的常变量。广告舆论影响媒介的同时，这种影响是双向的。广告不会脱离社会现实，因此，也是对技术与革新的现实环境的一种反映，主要体现于媒介上。面对这种"不可触及、不可见、不可思议"[1]的现实，媒介就承担了提供感受环境的间接方式。施拉姆曾在多个研究中表明了对于媒介宣传的畏惧，认为当某种意见与观点垄断了传播渠道，这种影响相当巨大。其所指的是媒介作为传播载体对于舆论形成的影响力。随着网络媒介的运营与发展，产品功能不断丰富。

在现在，具有大众传播性质的网络媒介对于信息共享的贡献功能日益突出，甚至成为一些人群获得新闻消息的最快途径。如，微博是多方消息汇集的场所，具有大众传播的特征，却是传统媒介所不能比肩的，具有即时性的优势。此外，网络媒介有附加功能，如基于位置的服务、视频转发评论、跳转其他软件服务等，各种功能均在不断满足和提升用户的参与与互动体验。"网络媒介的各项特征造就了其与生俱来的作为营销媒介的价值。其大量的用户和积攒的大量用户数据，能够为提升营销精准度做出贡献，链式极强的特性

---

[1] 李彬. 传播学引论 [M]. 北京：新华出版社，1998：149.

又能为营销效果起到推助力"。① 种种广告舆论对网络媒介的运用，均一定程度体现了媒介技术的发展。

同时，媒介自身也承担了舆论引导和舆论监督的职能，尤以新闻媒介为代表。基于媒介的职能与责任，媒介也对广告舆论进行监督审查与引导。因而，媒介环境对于广告舆论的形成具有巨大的影响作用，是在进行广告信息传播时必须注意的关键性因素。由广告信息传播中对于网络媒介的利用，即可一定程度地判断出媒介技术与变革的现状，因而也是一种镜像反映。

6.1.4 以广告目标为核心的作用机制

广告舆论的镜像功能发挥作用主要受到包含问题、意见的信息资源，广告信息主体中的媒介与广告信息软环境中社会主流思想的结构性要素的影响，具有以广告目标为核心的作用机制（见图6－1）。

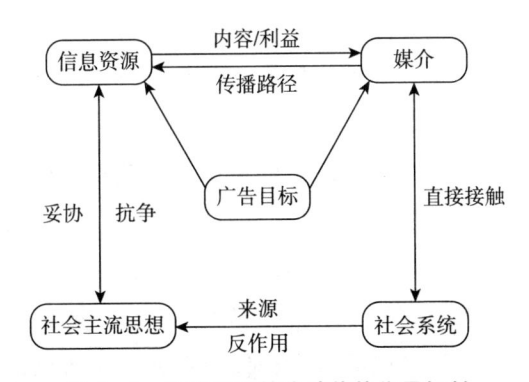

图6－1 广告舆论镜像功能的作用机制

基于上文的讨论，关于广告信息资源，有几个重要的功能发挥条件：①信息设定的受众取向；②对社会主流思想的妥协与抗争；③与广告目标的契合。首先，所有广告信息的设定均是为了达成既定的广告目标，因此即便在结构性要素中没有体现出来，广告目标

---

① 晋艺菡. 小微企业微博营销研究 [D]. 武汉大学，2012.

才是镜像功能作用发生的最核心内容。在该作用机制中，社会系统是整个机制的开端也是闭环作用机制的终端，社会系统是社会主流思想的来源。社会系统对社会主流思想的影响一定程度反映了受众取向，成为主流的社会思想必然有庞大的群众基础。因此，信息中的意见可以通过媒介传播反馈给社会系统，促成更广大范围内对社会系统的认知。同时，信息资源中对意见的呈现不是寡淡而单一的，基于广告传播的特性，信息中一定包含对于社会生活方面的运用，是源于生活而高于生活的表达，将社会系统的面貌进行更为细节的描绘。但是，这些信息不是广告舆论体系中的核心，在媒介将信息传递给社会系统时，是一种附带的功能发挥。另外，信息资源中的意见存在对社会主流思想的抗争，只有当社会系统中已存在主流思想变革的苗头时，这种抗争才可能得到声援，促成广告舆论的形成。以生态视角来看，任何系统发生重大变动常是外界环境的重大变革而引起，因此，人们对于以广告信息的传播造成社会中尚不存在的思想变革是一种过度的忧虑。

关于媒介，有几个重要的功能发挥条件：①网络媒介的全面介入；②传播中的议程设置；③可控性信息主体的通力合作；④传播中的风险控制。媒介在该机制中的作用是至关重要的，广告舆论社会功能的发挥一定程度依赖于媒介的社会功能。作为实现该功能的关键步骤，媒介是一系列广告舆论结构要素得以作用于社会的唯一路径。之所以是唯一路径，原因在于网络媒介对于广告传播活动的全面介入，既往街头巷尾的口口相传与企业在销售渠道中的其他促销方式难以实现意见的广泛交流，人群对于广告舆论形成的感知也是基于互联网端的信息接收。在该机制中，媒介与信息资源存在互动关系，信息资源为媒介提供内容与利益。如前文所述，在全媒体时代，广告信息常作为媒介内容，已无法将之进行明确的区分。广告传播中对媒介的运用，既可以内容为之带来利益，也可通过商业合作带来营销收益。在媒介部分，广告目标的作用依然明显，广告传播中存在对于媒介投放的筛选行为，主要表现为信息匹配度、社会影响力、投放精准度三个方面，这是具有可控性的媒介部分。为了使信息进行广泛传播，广告活动通常选择具有社会影响力的媒介进行投放，符合不少学者对于媒介经济的本质是影响力经济的判断；同时，意欲使广告信息易于受到关注与被人群接受，则需要对媒介的信息匹配度与投放精准度进行判断，如，一则化妆品广告投放于汽车垂直网站的意义并不大。另外，媒介在该功能的发挥中也存在不可控的部分，在人群自发或自觉的参与传播阶段，媒介在传播中扮演的角色变得复杂而无法预估，尤以社交媒介为代表，其与广告信息资源的传播意图间存在显著却不甚相关的联系。

6.2 民意呈现功能

适应条件下，信息设定的受众取向、全面利用网络媒介是必要的内在属性；整合条件下，必要的内在属性是激励受众参与互动；维模条件下，信息的可讨论性是广告舆论系统的必要属性。这些必要的广告舆论系统内在属性，在共同作用于社会系统时，具有表达民意的功能。

"民意"一词多被港台学者作为对舆论一词的惯常用法，这意味着舆论与民意间的关系十分紧密，但也存在不同。

6.2.1 人群的意见表达

以公共关系视角进行民意的界定是："社会成员对其关心的政治、经济、社会问题所持有的态度和意见。是国家实行的大政方针和政策在一定社会成员中悉知、理解、影响的反映，既是国家调整政策的基础，也是国家做出新的决策的前提和依据。"[1] 因此，民意与舆论存在差异，并不一定是一致性的共同意见。

---

[1] 杨斌艳. 舆情、舆论、民意：词的定义与变迁 [J]. 新闻与传播研究，2014（12）：113.

共同意见实现的前提是意见的产生,因此在广告传播过程中,广告方通常会运用各种策略与方法激励受众进行表达,这就是表达民意的第一个层次。如《她最终去了相亲角》案例中,大龄单身女性对爱情的追求,其独立与自信,其和父母的和解等一系列内容,这一群体每一个人都可以在此找到自身的影子。属于广告视频中所描述的大龄城市单身女性或曾有相似经历的人群,容易受到感染而进行转发评论,进行意见表达。《我是谁》案例中,由于广告信息是对中国共产党党员形象的描画,极大地激发了共产党党员的参与意愿并进行表态。

6.2.2 人群的意见互动

民意表达的第二个层次在于广告可以刺激申诉欲望,激励人群的意见互动,促成共同性意见的形成与表达。这项功能的发挥具有三个组成部分。

首先,基于对技术发展的敏感性,广告舆论以"技术基础促成了单个用户与单个用户进行更为自由的交流互动。同时,广告主可以利用技术发出内容与广泛的消费者进行沟通交流,也可以使用私信与单个粉丝建立良好的关系。这种互动无论从时效性还是使用体验上都远超出以往各种互动渠道",[①] 作为民意互动的基础而存在。

其次,这种互动性具有不可替代性。广告舆论所涉及的人群数量之大,范围之广是前所未有的。作为信息分享平台工具的网络,尤以社交网络为代表,与生俱来地具有极强的大范围的互动功能,"虽然现阶段的研究仍没有明确的关于社会性媒体到底是倾向于技术性还是偏向于社会性的定论,但关于社交性媒介在传播信息的过程中的社交性却是可以明确的,这其中经历一个发展过程。早期的网络媒介具有工具性特征,即成为大众分享信息的工具。而后由于明

---

① 晋艺菡. 小微企业的微博营销研究 [D]. 武汉大学,2012.

星名人的入驻和身份认证的提供使得其变成了一个虚拟性的广场或舞台。现阶段，微博又发展演变出媒介属性，成为资讯渠道和公众表达意见看法的平台"。①

最后，广告信息环境造就了广告信息的可讨论性，造就了"主体间的互动机制"②，如《她最终去了相亲角》的广告视频，将城市大龄单身女性对该标签的真实感受与自我观念清晰地展现在大众面前，将其思想与社会主流思想间的矛盾，与父母的思想矛盾刻画出来。在促进意见表达的同时，也促进这意见的互动。共同知觉人群表达自我、引发思考，在互动中寻找出路，逐步实现意见的趋同。

6.2.3 以传播为核心的作用机制

广告传播的覆盖率等指数，不可以作为广告效果的说明，但广告舆论形成过程中这些信息供应与消费的指数可以对广告舆论的民意呈现功能做证。广告舆论的民意呈现功能的发挥主要受到包含广告信息资源、广告信息主体中的共同知觉人群与媒介的结构性要素的影响。由于广告是一种传播活动，因此传播是广告舆论得以形成的基础，论及广告舆论的民意呈现功能时，其具有以传播为核心的功能作用机制（见图6-2）。

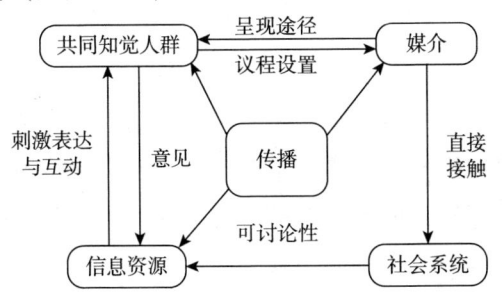

图6-2 广告舆论民意呈现功能的作用机制

---

① 晋艺菡. 小微企业的微博营销研究 [D]. 武汉大学, 2012: 12.
② 荣鑫. 广告：消费社会的统治策略 [J]. 北方工业大学学报, 2016 (2): 28-33.

对意见表达影响因素的考察，实际上与意见表达运行机制的探讨是紧密相连的。国内外的相关研究已经分析并检验了许多对意见表达产生影响的因素。主要有以下三类：①表达动因；②议题特性；[①]③个体特征。[②] 这与本研究得出的结论是相符合的。

首先，通过上文研究，广告舆论信息资源中问题的提出与传播信息的设定或基于对目标人群兴趣与关注焦点的抓取，或是重视内容的新奇性，或是关注问题的影响力。这是广告创作方基于社会系统环境影响，对可讨论性的判断与洞察。其次，个体特征与表达动因对应于共同知觉人群与信息资源、媒介及传播目标的双向关系。互动是数字营销实现效果的基础，因而，广告传播利用信息、媒介直接作用于共同知觉人群"需要—动机—行为—满足"的心理与行为模式，对互动行为进行刺激，而达成参与的激励。[③] 因此，广告舆论系统在这样的安排下实现了对意见表达的促进。

同时，作为广告舆论形成过程中的首个阶段，即意见形成阶段，共同知觉人群并非完全受到传播设置的影响而进行意见表达，他们也会产生对于广告信息的意见。如同YSL星辰口红案例中所示，受众在表达与互动中形成了超越广告信息的意见，引发了广告评价类舆论的形成。这说明在该作用机制中，共同知觉人群存在对广告信息反向作用，在此作用下同样引发广告舆论的民意呈现功能。

媒介在该作用机制中同样重要，但是区别于镜像功能，意见的表达不存在空间限制，媒介只作为共同知觉人群意见呈现的一种途径。自市民社会产生的那一天起，市民就开始追寻一种自由表达的

---

① Oshagan H. Reference Group Influence on Opinion Expression [J]. International Journal of Public Opinion Research, 1996 (8): 335 – 354.

② Baladassrae M, Katz C. Measures of Attitude Strength as Predictors of Willingness to Speak to the Media [J]. Journalism and Mass Communication Quarterly, 1996 (73): 147 – 158.

③ 姚曦，韩文静. 参与的激励：数字营销传播效果的核心机制 [J]. 新闻大学，2015 (3): 134 – 140.

境界,① 在广告传播过程中,共同知觉人群的意见表达不仅跨越了语言,甚至可以通过行动等方式进行。如 SK-Ⅱ《她最后去了相亲角》案例中,即便一些城市大龄单身女性不通过媒介发声,也可以通过对自身生活方式与婚恋追求的行为标准,使自身的意见向周边社会系统辐射。然而我们不能否认,媒介——尤其是网络媒介——在民意呈现中的巨大影响力。如同伊尼斯所说:"不同媒介对控制力有着不同的潜力。不能广泛传播的,或者需要特殊编码和解码技术的媒介很可能会被上流阶层利用。相反,如果一种媒介很容易被普通人接触到,它就会被民主化"。② 网络媒体传播的便捷性、互动性、社交性、草根性、实时性、碎片性等特点使之成为民意呈现平台中体量最大的平台。加之意见领袖与其他权威机构的力证,亦成为民意呈现最为显性的途径,直接将民意反馈给社会系统。

另外,媒介通过议程设置,也对共同知觉人群的意见表达行为进行刺激。态度是一种长期的刺激,作为呈现的意识是有情境性的,和具体问题相联系。媒介的议程设置为这种意识铸造了强烈的情景性,经过设定的传播策略,在反复强调中将受众置于一种压力下,不得不对问题进行关注,也使其产生不得不表达自我意见的意识。

6.3 建构功能

基于上述所有的广告舆论系统发挥功能的必要的内在属性,可以明确,广告具有建构功能。

6.3.1 建构人的自我

拉康(Jacques Lacan)于 1949 年发表《来自精神分析经验的作

---

① 张康之,张乾友. 论意见表达体系的形成与演变[J]. 社会科学战线,2009(10):174-184.
② [美]约书亚·梅罗维茨. 消失的地域:电子媒介对社会行为的影响[M]. 肖志军译. 北京:清华大学出版社,2002:12.

为"我"的功能形成的镜像阶段》，随后发展出镜像理论与自我建构的关系，他认为，"自我的建构离不开自身也离不开自我的对应物……被自身无法掌握的外部力量所决定"。① 尤其是儿童，会依据其与他人的关系编织复杂的自我形象。这意味着广告也会对自我建构起到巨大作用。例如，广告信息中存在性别的角色设定也是极为常见的，广告不光将成年人的男女关系模式极度的模式化，在包含未成年人的广告中亦是如此。广告中常见的是男孩负责调皮捣蛋，女孩负责乖巧听话；男孩负责挑战权威，女孩负责辅佐爸妈；男孩多注重酷帅外形，女孩多关心作业学习等，均通过镜像来影响人类自我的建构。同时，模仿行为作为未成年人的一种用来认知社会的重要途径，一直是心理学研究的热门话题。通过模仿，未成年人可以与外界有效进行沟通互动，接受观念，学习技能。模仿过程会被模仿者分解为不同要素，而当信息资源受到限制使得要素竞争时，模仿者更易于放弃次要要素，意味着动作的目的性比动作本身更为重要。②

6.3.2 建构新的关系

学者们所认为的教化功能，主要表现为影响消费观、引导价值取向、建构社会关系等。教化功能通过新闻媒介传播得以实现，影响舆论与意识形态，这实际上指的就是广告舆论的建构功能，对新的关系的建构。

（1）关联品牌与标签

广告舆论可以树立品牌价值观——价值观是思想，它从品牌的每一个毛孔里往外渗透气味。这种现象的产生是由于生产力进步，物品极大丰富，消费者难以在纷繁复杂的产品汪洋之中迅速找出特

---

① 转引自刘文. 拉康的镜像理论与自我的建构 [J]. 学术交流, 2006（7）: 24.
② Wohlschlaer A, Bekkering H. The Role of Objects in Imitation//Stamenov M I, Gallese (Eds.). Mirror Neurons and the Evolution of Brain and Languages [M]. Amsterdam, Philadelphia: John Benjamins Publishing Company, 2002: 101-115.

定的产品。因此,品牌与产品的高识别性与认知性建设成为品牌与企业必须进行的工作。品牌包含了简单的沟通行为,好的品牌建设能够向受众传递关于企业、品牌的推广信息,使消费者在购买时能够作为一种标准化依据来对同质但不同系列的产品进行参考比较。比如,奢侈品女士皮包中的佼佼者是爱马仕,高品质的钢笔品牌是派克,口感好质量高的白酒是茅台、五粮液,等等。当品牌建设工作取得一定成效的情况下,消费者在对产品有特定需求时,他们就会根据对品牌或者对该行业的一贯印象进行快速选择。

根据百度指数的统计显示,"SK-Ⅱ"与"剩女"在一定时间段内的搜索指数与媒体指数出现了协同波动,一定程度可以反映受众已将两者进行关联。暂且不谈这种关联对品牌造成的实际后果,在形成过程中确实存在此现象。因此,这种关联是对符号与符号间的关系建构。

(2) 关联人群

由于网络媒介的全面介入,广告舆论还有建构与维护人际的功能。广告舆论对媒介的应用使之形成了一个共享型即时信息网络,其最核心功能在于发布与获取即时信息。

该功能分为两个层面,因为互联网端,相关人群的聚合形成一种非正式群体。该群体分为两类:第一是传统性非正式群体,是基于现实中的人际交往的网络表现,参与者可以共享性、即时性地发布信息,现实生活中的人际关系也可以随之发生动态发展;第二是网络端非正式群体,这是一种虚拟的聚合,是以虚拟网络平台为载体,基于背景、兴趣、利益、需求等驱动力而形成的新的关系。通常情况下这种人际关系属于弱关系,即双方关系较为松散,有一定程度的沟通互动但并无过多实际上的交往关系。无论广告舆论功能发挥于哪一层面,均是对人与人关系的建构。

(3) 关联人与社会

当广告信息被人们接纳时,广告也是一系列象征着某种声誉、地位、欲望的符号系统。如附加于产品之上的品牌、时尚性,附着于广告上的个性、观念等,具有"符号价值",消费符号系统也是一种需求。针对消费建构社会关系,具有代表性的观点是"炫耀性消费"。在《有闲阶级论》中凡勃仑就曾论述了拥有财富优势的阶级力图通过奢侈与非必要消费来打造有闲生活的好名声,增进炫耀性消费的荣耀感,并以此展现自己的身份地位。其实质体现的是一种财富地位,也会致使部分低收入家庭为了提升地位而进行炫耀性消费。当把广告信息当作一种消费符号时,人们同样会有这种炫耀性消费。如微信用户对朋友圈广告的点赞行为,实质上就是对广告信息的一种炫耀性消费行为。因此,广告也可以建立新的社会关系,社会身份识别是这种建构功能视角的根本着眼点,即广告传播也建立人与社会的关系。除此以外,如时立军主编的《企业文化指南》一书,将广告舆论的作用延伸至企业管理中,认为良好的广告舆论也能给予企业员工巨大的激励。因而企业在培养企业文化时,也要把广告作为重要的内容之一,在塑造良好企业形象的同时促进企业内部良性发展。也是对广告建构新的社会关系的印证。

6.3.3 以利益为核心的作用机制

建构功能得以实现受到广告舆论系统中全部要素的影响,是广告舆论形成的前置机制,此处对于三个层次要素的作用机制不再赘述,而着重关注广告舆论引发建构功能的其他因素。广告舆论是基于共同利益的思考,利益是引发变动的基础。同时,如YSL星辰口红案例中所述,各方的发声是对其所代表的人群的共同利益的争夺。所以广告舆论建构功能的作用是以利益为核心的作用机制(见图6-3)。

由于广告舆论是基于共同利益的整合性意见,是个人利益去群体做出的协调。因而,在作用于社会时,广告舆论对于人的自我建构,实际上是个人将群体利益向个人利益转化的过程。如,受较多研究关注的广告舆论引发的"审美单一"现象,无论广告视频还是静态广告,广告主常在广告信息中对美女形象进行强化,大范围的

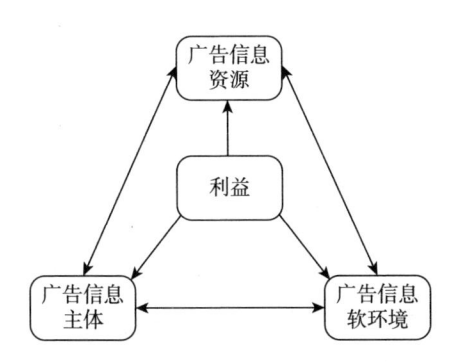

图 6-3　广告舆论整合功能以利益为核心的作用机制

传播必然会造成受众的固定观念的产生，认为身材高挑、苗条动人、皮肤白皙、五官生动的女模特是"女性美"的代表。许多年轻女性的自我概念就建立于其外表上对他人的吸引，由于受众对外表吸引力重视，不少女性将自身与广告中看到的女性形象进行比较。但是，利益转化的过程中也许并不顺利，国外关于完美形象模特运用效果的研究发现，这种"白、瘦、美"的典型对许多女性来说是敏感问题，而她们最终会经历的很可能就是消极的感受，比如沮丧和焦虑不安，导致自尊受挫，对自身的不满情绪。研究发现约90%的白人中学女生对自己的体重失望，这一现象与聘用极具吸引力的女性作为广告模特的现象普遍有关。[①] 当然，这种转化也有不少成功的案例，与上文案例截然相反的广告传播活动也存在，如护肤品品牌自然堂，常年来致力于对"你本来就很美"的广告语进行传播，受众中的个人能够很顺利地将群体利益转化为个人利益，接受自我，建立与自我的和解，此处的利益为获取更高的自我认同感。

在建构新的关系表现中，关联品牌与标签是广告创意方的刻意行为，同时也包含了群体对选择成本的考虑。当品牌与标签之间的联系被架构起来，消费者在进行消费决策时，将节省客观的决策时

---

① Bower, Amanda B. Highly Attractive Models in Advertising and the Women Who Loathe Them: The Implications of Negative Affect for Spokesperson Effectiveness [J]. Journal of Advertising, 2001, 30 (3): 51-63.

间、信息收集与对比的精力等。将共同知觉人群进行关联，是广告目标得以实现的基础，也是对人群社交需求的满足。

关联人与社会，是广告舆论建构功能中较为复杂的一个表现。其中包含对于个人利益的考虑。当广告舆论与声誉、地位等利益相结合时，建构功能的发挥同样是基于共同利益向个人利益的转化，即通过转化提升个人声望。同时也包含对共同利益的斟酌，即对整个群体的打造。徐向红认为舆论的形成标志有三点，其中：舆论需要获得社会认可，是指该意见以相当数量的公众为依托，具有代表性与社会性；舆论要形成对群体的制约，这是指舆论代表了群体意志，因而具有意见调节的作用，对群体事务的进程产生影响。[1] "缺乏全体成员共同的认知和经验，那么一个良好的公共领域就难以建立"，[2] 对公共领域建构的渴望与广告舆论相伴而在时，广告舆论的建构功能是对群体利益的追寻。

谈及这种利益凝结的方式方法，李普曼在《公共舆论》一书中早有论述，分为三种路径。第一，"利益互惠原则"。即在说服过程中体现出可为受众提供的利益，增强协同合作，因而容易达成共识。第二，"通过制造恐惧和服从进行统治"。运用受众心理，使受众感受到自身利益有受到损害的危险，即容易妥协。第三，一种建诸高度发达的信息、分析和自我意识体系上的治理。

6.4 整合功能

基于上述所有的广告舆论系统发挥功能的必要的内在属性，这些内在属性在作用于社会系统时，使广告拥有整合功能。

整合功能是指广告对于社会关系和思想文化等方面具有聚合与统领的作用。一般情况下，整合功能的实现"体现为一种自发与自

---

[1] 徐向红. 现代舆论学 [M]. 北京：中国国际广播出版社，1991：166-168.
[2] 茹西子，胡泳. 知乎：中国网络公共领域的理性试验田 [J]. 新闻爱好者，2016（2）：22.

然的过程，而非自觉自为的过程"，[1] 广告的整合功能同样如此，其发挥作用是基于一定范围内的成员的自我组织与调节，或是基于明确的主体对于社会运行的把握。依据内在属性，广告整合功能主要表现为以下几个方面。

6.4.1 整合广告产业链

"组织化时代"[2] 认为没有"被组织"则不可被称之为舆论，在信息控制主体的通力合作下，必然将进一步整合广告产业链。从结构形态考察，传统的"广告产业链是由广告产业及其衍生产业周围的各企业以及广告服务联系起来的链式中间组织，传统的广告产业链包括广告主、广告公司、广告媒体三个大主体。从价值属性来看，广告创意、广告制作、广告发布三个阶段共同构成了一条完整的价值链"。[3]

现如今，通过广告舆论系统的探索，我们可以发现这条产业链中出现了新的变化。行业纵向的垂直整合与横向的不断扩展带动了整个链条内资源的不断聚拢，新兴广告产业链初见雏形。首先，在产业链上，催生了一批意见领袖与自媒体，如网络红人、美妆博主等均为是为广告提供信息传播与意见支持的服务型个人或机构。其次，在产业链上，聚集了一批其他官方机构，尤以数据服务公司和机构为代表，为广告传播活动提供意见整合与权威认证的服务。而后，新兴数字广告公司也在产业链条中寻找定位，其策划、投放、效果监测都以海量样本的数据系统为支持。再次，产业链下游，网络服务商、运营商等众多机构在运营过程中积累了海量用户数据，并以丰富的与受众沟通互动的经验，为广告信息的导向提供指导或直接

---

[1] 张治库. 社会主义意识形态的整合功能［J］. 社会主义研究，2004（5）：19-20.

[2] 〔日〕竹内郁郎. 大众传播社会学［M］. 上海：复旦大学出版社，1989：173-174.

[3] 李亦宁，杨琳. 大数据背景下广告产业生态的嬗变与重构［J］. 当代传播，2014（2）：87.

参与广告信息传播的运营。

目前，国内围绕广告舆论形成的广告产业链尚不成熟，处于成长期，问题多发。但是，产业链上新兴角色的出现为广告产业提供了新的价值增长点，并将在广告舆论成为趋势的发展下，不断吸引与聚集新的专业力量，将为本土小广告公司的成长提供更多机遇。

6.4.2　整合社会思想

目标条件下，必要的系统内在属性是信息资源与广告目标的契合，因此广告是在信息传播的过程中不断将共同知觉人群的思想向基于广告目标的信息内容靠拢的过程。在广告信息的传播过程中，也存在对信息传播的议程设置，在意见领袖的作用中实现意见叠加，在其他官方机构的参与下进行权威认证，最终共同促进广告舆论的形成。舆论形成的本身就是对社会思想的一种整合，因为广告舆论是在广告传播过程中，经共同知觉人群互动、协调而产生的基于共同利益的整合性意见。存在互动协调、达成一致的过程，因此具有整合社会思想的功能。

如台湾大众银行的《追梦》篇广告视频，在视频中对于人类生命的价值与意义定义为：梦。即便现实生活中，每个人对人为什么活着问题的理解存在差异，但是经由该视频广告的传播，在一定范围内，将共同知觉人群的意见进行了统一。

同时，广告内容中所裹挟的理念是不具强迫力的，是受众主动、自觉地不断向理念靠拢，将理念内化的过程。因此，作为结果的广告舆论的形成过程实质上是对广告受众的"规训"过程，形成的舆论将成为新的社会规范，通过意识形态操控，在一定范围内控制人们的思想，因此可以构建新的社会氛围。

6.4.3　以理性为核心的作用机制

整合得以达成并非仅只是传播力的体现，而是受到所有广告舆论系统要素的影响，是广告舆论形成结果的一种反映。其作用机制包含广告舆论的形成机制,因此,对于三个层次要素的作用机制不再赘述。整合功能发挥中,存在一个引导过程,引导是对扩散性的有效控制,引导朝向期待性的意见方向发展,是基于各参与主体的理性行为。引导得以达成是各方协调的结果,同样是一种理性行为。另外,如同《我是谁》案例中广告舆论形成过程分析的结果所示,意见领袖与其他权威机构自发而自觉地进行广告意见传播,是由于广告意见本身与共同利益间是基本一致的,是基于共同知觉人群的理性,直接促成意见整合的发生。因此,整合功能呈现出参与主体理性的特征,其作用机制是在广告舆论的形成机制的基础上,加入了关键的"理性"要素,是以理性为核心的作用机制(见图6-4)。

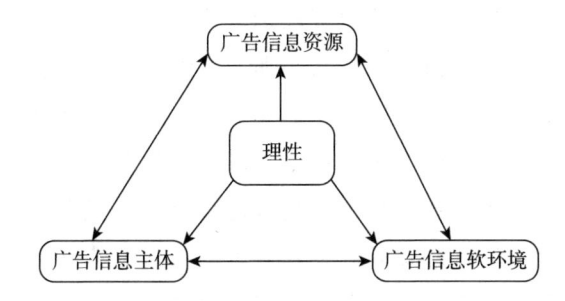

图 6-4 广告舆论整合功能的以理性作为核心的作用机制

(1) 广告产业链的整合源于经济理性

在市场需求与传播环境变革的双重影响下,广告传播在与受众的互动中不断向社会渗透,促进广告舆论的形成且广泛存在于社会生活中,使得广告舆论在广告发展中别具一格,广告舆论体现了广告的工具理性。广告舆论之所以受到广告实践的重视,是因为促进广告活动的目的在于改变观点以实现某种既定目标,广告舆论直接反映了广告效果。同时,广告舆论的工具性体现在其服务于创造新的消费时尚,为产品和服务的流行开辟道路。另一方面,广告舆论服务于激烈的市场竞争,为商品和品牌在竞争中获得偏爱,以巩固、加强商品、品牌的美誉度,提升消费者的忠诚度。所以,广告产业链在广告信息资源、信息主体、广告信息软环境的互动中基于经济理性进行不断整合，以实现广告舆论形成的目标。

(2) 社会思想的整合源于价值理性

意见的整合包括两个层面：①认知整合，"统一思想认识、统一价值尺度和评价"；②心理整合——"统一情感偏好和意志要求"。[①] 两者互相促进且有机统一，存在同化与对照、平衡一致、劝导与说服、压力与从众的规律。按照广告活动与舆论形成的前期互动，已经包含了平衡一致、劝导与说服的内容与过程，在意见整合阶段，实际所存在的规律则主要在于同化与对照、压力与从众，分别对应了认知与心理的双重整合。如果两者不相协调，则产生认知失调，无法生成稳定的舆论，也就不在本研究的范围之内。根据伊丽莎白·诺尔-诺依曼的沉默的螺旋理论，并不是理性讨论带来了舆论的形成，而是人们害怕被孤立的心理，导致了意见环境压力下对于优势意见的趋同。并且，沉默的扩散使得优势意见更加占据主导，最终形成舆论。广告通过代表舆论来影响意见的整合，其实质就是利用意见气候对受众产生压力，促进优势意见形成舆论。与之相对应的就是意见气候的感知问题，意见表达与对优势意见的感知间存在显著但微弱的关系，意味着仍有其他调节因素。周葆华、吕舒宁从该角度对大学生网络意见表达进行了实证研究，但结果与前人研究截然相反。[②] 因此沉默的螺旋理论中参与主体的非理性需要被质疑。所以，追寻广告舆论如何对意见整合起作用的问题，研究的关键在于考察广告作用于意见气候感知的不同层面以及受众的实际反应。

不少人对媒介有批评甚至包含敌意，因为很多人觉察到媒介带来的影响，并认为常常被媒介呈现的事态变化所愚弄。这类人群对广告信息的传播同样秉承此态度。因此，广告舆论所代表的不是灌输性的强势性意见，而是受众在互动传播中基于广告内容自觉形成

---

① 徐向红.现代舆论学 [M]. 北京：中国国际广播出版社，1991：171.
② 周葆华，吕舒宁.大学生网络意见表达及其影响因素的实证研究——以"沉默的螺旋"和"意见气候感知"为核心 [J]. 当代传播，2014 (5)：34-38.

的整合性意见，体现了受众对广告意义的探讨。即便沉默的螺旋理论在广告传播中确实起作用，也体现的是人群对自我与社会关系间的理性选择。另外，在广告向社会渗透的过程中，社会意识也在反作用于广告舆论。广告传播产生对社会有益的广告舆论才可以达成广告主塑造良好形象、提升美誉度等目的。广告舆论体现了广告对社会的妥协、协调、继承等，是"广告与社会冲突中逐步自觉形成的一种价值智慧、价值良知"[1]，也是对理性的一种体现。

6.5 功能间的耦合关系

上文是对广告舆论社会功能及其作用机制的垂直剖析，若要对功能进行更深入的探索，也有必要对各种社会功能进行横向比较。通过经验材料的积累，可以发现，功能间均存在耦合关系。

广告舆论的社会功能存在连贯性，在特定情境下，广告舆论的镜像、民意呈现、建构、整合功能的发挥是一个连贯的过程。在反映社会中存在的争议问题的同时，广告舆论实现镜像功能的发挥；为促成广告舆论的形成，广告传播会极力协调这种矛盾，并通过广告活动的影响力促进共同知觉人群的充分交流、互相理解，以提升和解的可能，是民意呈现功能的表现；在社会系统中不同人群诉诸特定的利益时，就实现了广告舆论的建构功能，意见逐渐趋同化发展；在广告舆论形成时，意味着达成了意见的整合，实现了整合功能的发挥。

广告舆论的四种社会功能也存在递进关系。例如，区别于镜像功能，民意呈现是广告舆论一种更为高阶的功能形态。镜像功能是通过广告传播对现实情境的一种反映，功能主体是广告传播的主体，是作为舆论形成过程的前置基础而存在的功能。民意呈现则是以共

---

[1] 柳庆勇. 从工具理性到价值理性——广告与社会关系的重大调整[J]. 国际新闻界，2012 (3): 87.

同知觉人群为功能主体,他们的主动表达对应于广告舆论形成流程中的意见形成、意见互动过程。另外,建构功能是整合功能的基础,建构功能的发挥可以促进整合功能的实现,没有建构就没有整合功能。结合利益的建构功能是意见趋同的过程,趋同的过程就是一个妥协的过程,因而建构了人的自我,建构了新的关系。而整合功能是广告舆论最明显的功能,"舆论的形成本身需要一定的积累,达到一定的强度后才成为公众舆论。"[①] 没有一定强度而被人们忽视的不可称为舆论,在概念中就有体现:广告舆论是在广告传播过程中,经共同知觉人群互动、协调而产生的基于共同利益的整合性意见,整合功能是在系统通过某种方式把意见数量转化为影响力的时候出现的。

同时,广告舆论的社会功能中也存在负相关的功能组,如民意呈现功能的发挥在面对难以跨越的社会矛盾、难以调和的群体利益纠葛时,难以实现意见的整合,即广告舆论的形成,因而制约广告舆论整合功能的发挥。即便广告传播的能量可以促使广告舆论的形成,但舆论的形成并不一定意味着人群在广告传播中达成完全一致的社会思想与行为,而有可能分为多股。因此,民意呈现功能与整合功能呈现出一定的负相关性。

---

① 王朋进,颜彦,高世屹.媒体危机报道原理与策略[M].合肥:安徽大学出版社,2010:78.

7 社会功能的负面效应及引导策略

功能分析给媒介研究带来的一个困惑在于过于接受现状,研究为现状合理化提供了依据。如美国学者哈罗德·门德尔松(Harold Mendelsohn)的"大众娱乐理论",他认为针对电视的批判性研究带有精英主义的意味,批评家口中的电视的负功能只是电视功能的实现与对人们需求的满足本身。[①] 这种研究带有一种存在即合理的自然主义倾向,大大降低功能研究的价值扩展。因而,即便上述研究中所得出的广告舆论的社会功能是客观存在的,不以实际效果论,但这并不影响在功能研究后对社会功能的发挥进行描述,区分功能发挥的正与负,秉承着实现社会效益的原则提出解决其不良社会影响的对策。在本章,将针对广告舆论社会功能发挥的现状进行阐释,以发现问题,并寻找问题的根源。

7.1 广告舆论负功能及产生要素的提炼

针对广告舆论的批判研究较多,均体现出社会人群与学者们对于广告舆论社会功能发挥负面效应的忧虑与批驳。结合广告舆论社会功能研究,本书认为功能发挥的负面效应主要体现在以下几个方面。

7.1.1 阻碍新闻媒介社会效益的发挥

从共时与历时两方面考察,均可见广告舆论研究的相关论述主

---

① [美]斯坦利·巴兰,丹尼斯·戴维斯. 大众传播理论:基础、争鸣与未来[M]. 曹书乐译,北京:清华大学出版社,2014.

要存在于媒介经营与管理的研究内容中，研究内容与观点较为集中。最早的新闻学研究专著《新闻学》是将广告当作新闻的一部分进行研究的。广告与新闻研究在研究发展中得到分离，但是，如将1979年恢复广告作为媒介经营活动的起始，广告舆论与新闻媒介的关系又被架构起来。研究者认为广告具有教化功能，其内涵大致与本研究中的广告舆论的整合社会思想功能与建构新的关系功能相同。他们还认为这种功能通过新闻媒介传播得以实现，影响舆论与意识形态，这实际上指的就是广告舆论的社会功能。新闻媒介是引导舆论的主阵地，舆论斗争是意识形态斗争的前沿阵地。媒介的事业属性与其将社会效益放在首位的原则是每个学者进行研究的内在信念。因而，批判的声音主要认为媒介作为社会公器必然与广告舆论存在矛盾。他们通常将影响新闻客观性、真实性的不良广告行为视为洪水猛兽。

这种取向正描述了广告舆论社会功能负面发挥的现象，是对于广告舆论整合功能与建构功能的异化。具体来说，广告舆论系统中的广告舆论信息资源、广告信息主体、广告信息环境三个层次要素均存在问题。

首先，广告信息的虚假或失真的现象。强化虚假或失真的广告信息、传播抹黑竞争对手的信息、消除不利自身负面信息的做法本就是市场竞争甚至是部分国家、地区中政治竞争的一部分。虚假信或失真信息可以为达成广告主目的而服务，广告公司或公关公司为保证广告信息的传播效果，通常对信息进行控制，在出现危机时，或传播对其竞争对手的不利信息，或以正面信息进行稀释。

其次，这种竞争手段得以发挥效应无法将媒介要素置之度外，如本研究中得出的结论，广告舆论具有整合广告产业链的功能，媒介在产业链中占有重要地位。但是市场是由商品、服务的买方与卖方共同构成，责任并不能由广告产业链中的任一环节单独承担。因此，基于网络媒介对于广告舆论形成的全面介入，网络媒介成为虚假或失真信息得以传播的最佳平台。由于需求的存在，只要存在一定的利益空间，供给行为就会出现。

最后，环境要素也起到了至关重要的作用。在卖方层面，影响供给量的两个主要因素是收益与成本，阻碍新闻媒介社会效益实现的现象的产生并发展的另一原因在于成本与收益的诱惑。现阶段，广告舆论系统破坏新闻媒介社会效益发挥的成本极低，网络立法的缺失与薄弱使得惩治措施几乎是无法可依，即使获知肇事者，由于法律规制模糊，对其量刑也非常困难，难以形成制度约束，而道德约束的影响在逐利者眼中更是甚微。

7.1.2 破坏双元市场秩序

正当竞争是提及市场秩序时常被使用的概念，正当竞争指企业通过提升管理能力，改进产品质量，提高服务水平等公平竞争的方式来占领市场，获得消费者青睐。不正当竞争是指"凡在工商业事务中违反诚实的习惯做法的竞争行为构成不正当竞争的行为"[1]，包括对竞争对手的企业、商品或商业活动造成混乱的行为，损害竞争对手的企业、商品或商业活动信誉的虚假说法等。广告信息主体中，广告主、广告公司与媒介在经济理性，即利己主义的驱使下，采取诸多不恰当行为以促进有利的广告舆论形成，打破了良好的经济运行环境，是对广告舆论整合广告产业链功能的破坏。

首先，若广告舆论系统中部分主体采取非法的、不道德的途径，捏造事实，诋毁对手，形成广告舆论时，将为委托方赢得经济利益，间接使委托方的竞争对手受到形象损害甚至造成经济损失，将使委托方的竞争对手失去公平的优胜劣汰的评判机制，打破正常的竞争氛围。这种行为将严重扰乱市场秩序，可能导致委托方所在市场陷入混乱状态。

其次，受到影响的范围并不局限于广告传播的委托方，广告行

---

[1] 张玉敏. 维护公平竞争是商标法的根本宗旨——以《商标法》修改为视角[J]. 法学论坛, 2008（2）: 31.

业也在其列。在市场经济中，交易主体行为的理想状态包含统一的适用于所有主体的限制，对于交易行为的评价标准符合法律和社会道德等。提供相关服务的公司无视广告行业规制而逍遥法外，其所提供服务就像考试中的作弊行为，可以快速提高成绩，却非长久之计。没有从实质上为委托方提供竞争优势，却以快速生效的巨大诱惑，强有力地瓜分了诚信守法运营的广告公司的市场份额，广告产业的市场秩序和格局也在被悄然改变。

7.1.3 对相关人群的利益侵害

广告舆论可以改变受众态度、形成偏好、影响消费行为。但是，在商业力量的驱动下，虚假、夸张、歪曲等广告失范现象的频发，使得对相关人群的利益造成的损害成为广告舆论最显著的社会影响，体现了广告的负功能，主要表现为以下几个方面。

（1）经济利益的损害

该负功能的体现直指商业广告，商业从资本的原始积累开始，就带有"原罪"，大众普遍认为商业的基因是自私的、唯利是图的。正是由于这个原因，作为实现商业意图的工具的广告也有"原罪"，即对利润的追求是每个市场参与者必然的理性行为，这种获利的动机使得许多企业在达到利润目标的过程中不惜损害他人利益。[①] 如，在微信平台上广为流传的不少虚假养生知识介绍型文章，实质上是基于某种商品销售目的而进行编辑和传播的虚假广告信息，其实际效果无法得到保证，对于付出金钱进行购买的消费者而言，是经济利益的损失。

（2）侵害公众知情权

网络传播本就加剧不同群体或个人的知识差距，又因进入壁垒、主体非理性等差异，造成信息流动不平衡的趋势增强。不真实、不

---

① 郑立红.漫谈广告的引导作用［M］.肖建文.广播电视实践探索（下册）.海口：南海出版公司，2007.

客观的信息传播，是对广告舆论镜像功能的一种异化，造成人群对于社会现实的理解出现偏差。如，产生刻板印象，是指"在选择及建构未经发展的、概括化的符号，将社会族群或某群体中的个别成员予以类别化的做法"[1]，不少有关广告中刻板印象的研究发现广告传播中的刻板印象存在一定真实性，但是却极有可能是片面化的，且容易固化，形成成见。在特定传播意图下，不真实、不客观的信息传播使得客观、真实性的信息得不到传播，会加剧信息流动的不平衡现象，侵害公众的知情权，对社会产生不利影响。

负功能的矛头直指广告舆论背后隐藏的"商业原罪"，其本质是商业广告失范行为的结果，实质上是对广告主与广告公司的结构性要素的突显。失范行为中，广告公司不是在法律制度、行规和伦理道德约束下为广告主做广告策划、形象塑造，而是受委托方指示，触犯法律、违背道德进行传播策划，是以谋取不正当利益为目的的行为。并且，由于新媒体的影响力巨大、匿名发布信息的虚拟性、相关法律制度缺失与追责难度大等条件，这些广告舆论主体要素出现问题时，给社会组织或个人造成的损失将数倍于传统大众传播时代。

7.1.4 激化社会矛盾

学者总结舆论风险的表现时，特别提出舆论失真将影响公共事务、使社会思潮难以控制、挑战党政权威、引发社会骚乱等，[2] 这是对广告舆论民意呈现功能在社会中作用的不良后果的总结。该负功能形成原因主要基于以下几个要素。

（1）广告信息主体意图的不端正

如引发社会骚乱的谣言，是没有经过可靠证明的一种特殊陈述，通常是对公众感兴趣的事物问题进行的未经证明的阐释。[3] 陈力丹教

---

[1] 张晓静. 跨文化传播中媒介刻板印象分析［J］. 当代传播，2007（2）：82.
[2] 王小涛. 当前我国的舆论风险及其化解［J］. 理论探索，2015（3）：95-98.
[3] ［美］奥尔波特等. 谣言心理学［M］. 刘水平，黄鹏译. 沈阳：辽宁教育出版社，2003.

授称其为"舆论的畸变形态",指出这种形态的出现是一种针对社会疑难问题的不得已而为之的应激状态。在纷繁复杂的广告舆论系统中,谣言的产生通常受商业、地位、政治等多个因素的竞争影响,实际上表现的是广告信息主体中信息传播意图的不端正。例如,商家会为了促进产品销售,抛出未经科学验证的科学知识;微博大号为了争夺公知的权力地位,危言耸听获取关注。当公众对于信息所传递的观点产生固定态度,意见逐渐汇集与整合就形成了舆论,损害现实社会生活。

(2)广告信息主体中的受众差异

广告舆论具有激励意见表达的功能,但是在网络环境下,网络人是基于片面的符号、图片、视频,抛开现实社会中姓名、性别、职业、阶层所形成的。在非面对面、隐匿身份的环境下,网民可以不承担非理性行为所造成的后果,因此,他们可以摆脱现实社会的多重限制畅所欲言。这在一方面促进心理最真实想法、态度、观点的表露和展现,另一方面所表达的信息可能只是一时的宣泄,现实社会中受到身份限制的个体在网络上可以展现出"个性",继而引发出现了所谓的"网络暴民"。因此,低质量信息的存在使广告舆论表现出负功能,即存在情绪宣泄型舆论等现象。

同时,网络信息的创造者、分享者、接收者间多属弱关系,本就存在信任问题,加之主体非理性等差异,使个人容易表现出群体极化的倾向,"团体成员一开始即有某些偏向,在商议后,人们朝偏向的方向继续移动,最后形成极端的观点"。[1] 这意味着普通受众可以在无意识中、在特定需求即利益的促使下,推动异端广告舆论的形成。

(3)意见互动的渠道不畅通

广告舆论系统中,共同知觉人群通常对与自身利益相关的、曾

---

[1] 胡衬春. 我国转型期公众"自我赋权"现象与媒体责任[J]. 中国出版,2012(16):60.

经历过的、个人擅长或感兴趣的信息产生偏好,即便观点的流通虽能跨越地理空间的限制,人群却更容易因为兴趣汇聚在一起,造成"知识茧房"现象。个人通过筛选,主动地将自身节点连接于特定信息流,信息交换呈平面化而非立体化。群体内信息交换顺畅,群体间的信息沟通却不比往日频繁。信息交换不能得到满足,影响舆论发展,影响舆论的客观性。同时,意见互动不通畅破坏力较大,信息主体将自身禁锢于建构的信息壁垒中"刀枪不入"。拒绝合理信息流入,形成的舆论难以改变,当广告舆论出现偏差时,难以纠正。

7.2 对广告舆论引导的建议

基于上述广告舆论负功能的总结,及其触发广告舆论系统要素的确立,为实现社会控制、促进广告舆论社会功能的正向发挥,本着发现问题、解决问题的逻辑,在下文中,本书将有针对性地提出建议。对广告舆论负功能的控制与正功能的促进,其实质就是广告舆论引导问题,我国的舆论研究从发展初始就受到马克思舆论思想的影响,尤其是在现实舆论工作中,马克思主义者所提出的"舆论引导"概念,"大致经历了'制造舆论'→'舆论宣传'→'舆论导向'→'舆论引导'这样一个过程"。[1] 以广告舆论的视角来看,这种引导观念存在一定的不适应,即首先被制造的不是舆论而是舆情,经过宣传、引导、交流、协调,最终才可以形成舆论。新闻舆论引导有两层含义:①对新闻舆论的引导;②以新闻舆论对社会舆论进行引导。这意味着广告舆论的引导工作也分为两个步骤,首先是对广告舆论反映社会的方面进行引导,即对广告镜像功能与民意呈现功能的把控,对应于以广告目标与广告传播为核心的功能作用机制;其次是对广告舆论影响社会的方面进行引导,即是对广告舆论建构功能与整合功能发挥的控制,对应于以利益与理性为核心的

---

[1] 刘春波. 舆论引导论 [D]. 武汉大学, 2013.

功能作用机制。

7.2.1 由管理转向合理利用

对于广告舆论的镜像功能，其负面效应多受学者关注。在相关研究中，学者们的研究内容与思想较为集中，如监督、管理、规制等是一直不变的主题，但是管理导向下的治理研究存在非常明显的问题。

（1）立足点的动态发展

管理思路下的促进广告舆论正向功能发挥的研究，存在两个立足点：一是广告舆论通过新闻媒介形成，并作用于媒介与社会；二是将广告舆论视为虚假广告导致的不良后果。这一现象不难理解，在传统媒体时代，媒介的主要任务是提供新闻内容，同时我国广告业发展并不成熟，出现较多违法现象，虚假广告备受诟病。但这一现象在互联网时代被彻底改变，媒介内容生产不再是单一的新闻，以社交媒体、自媒体为代表的新的媒介类型不再被传统思路所约束，有着从形式、功能到责任上的巨大变化。我国广告服务水平与广告监管并行，有了巨大的发展，质量明显提升。依照传统思路进行舆论研究，显然并不符合现阶段从广告、媒介这一舆论生成的重要因素的新特征。另外，广告舆论不是虚假广告的产物。作为中国知网（CNKI）上可查的第一篇涉及广告舆论的研究，于贵德、韩向东就明确指出广告的目的之一就是影响舆论。[①] 后续的研究普遍认同了这一观点，无论是对产品的推介还是对品牌的塑造，无论是新闻媒介还是其他，广告都是要达成影响受众态度的目的。广告舆论并不是特定广告与特定媒介内容的产物，更不能局限于虚假广告与新闻媒介关系的产物，而是媒介市场化发展与广告行业变化的必然趋势。

同时，原有的治理模式选择使得有时广告中单纯的艺术表现方

---

① 于贵德，韩向东. 广告写作的真实性和艺术性［J］. 吉林财贸学院学报，1983(2)：73-75.

式被过度的解读，尤其是被以政治意识进行解读。在大众眼中，广告内容所代表的主体的观念与舆论所体现的"公共性"往往是处于对立与矛盾的位置上。如对广告的解读过于政治化、意识形态化，研究容易陷入形而上学的误区中，使广告发展受阻，也无法引起国家对相应社会问题的重视。

（2）管理取向的治理效果不佳

媒介传播是广告舆论形成与负功能发挥的要素，我国却长期缺乏相关法律规定与职能部门进行约束制裁，因而，不少学者将研究的任务设定为规避广告活动对新闻传播的负面作用，学者多选择自上而下式的，具有强制力的广告、媒介管理为实现路径。在管理视角下，学者们对媒介的采编与经营关系有"两分开"[①]与"二位一体"[②]的意见分歧。无论是着眼于传统媒体还是新媒体，对广告舆论的研究重心均是导向与监督。

但管理视角造成了广告与新闻媒介的关系对立，广告与舆论处于矛盾状态。在现实中，广告经营与新闻媒介的关系并不是完全统一或者可以完全剥离的状态，广告是媒介的第二市场，为应对激烈的媒介市场竞争，媒介对广告的态度是暧昧的。因而，研究者从媒介经营与管理的思路入手难以找到有效的治理办法，使研究陷入停滞状态，难以深化。从本质上来看，管理只能是辅助手段，是治标不治本的路径选择。市场需求的存在、失范行为付出成本低、市场效果显著，给不良广告舆论造就了生存空间，这是失范现象存在的根本原因。因此，从倡导社会责任到践行社会责任需要动力驱动，找到促进实现广告与媒介社会责任的动力机制，消除不良广告舆论的生存空间，才是解决问题的根本路径。

（3）合理利用的研究作用突出

在学者们客观地肯定了广告社会功能的存在与对社会的重大影

---

① 肖一，赵国岩．有实力才有竞争力［J］．城市党报研究，2002（2）：18－20．
② 范莉．广告导向与舆论导向同等重要——由名人代言广告引发的思考［J］．湖湘论坛，2007（5）：110－112．

响之后，对广告舆论的合理利用的研究的价值突显出来。公益广告是长期以批判视角进行广告研究的"幸存者"，其作为思想宣传的一种渠道在网内实现较快发展，公益广告的研究就是广告社会功能合理利用视角的研究开端。

这一观点也可以由我国公益广告的发展带有明显的行政主导意味所证实。1996 年，中国的公益广告事业开始迅速发展，1997 年 4 月国家工商总局发出《关于开展"自强创辉煌"主体公益广告月活动的通知》，同年 8 月，中宣部发布《关于做好公益广告宣传的通知》。在政府主导下涌现出一系列与社会主义精神文明建设相关的公益广告。同时，不仅是公益广告，商业广告中（如本研究中进行分析的"剩女光荣"和"追梦"等多个案例）都印证了广告舆论的影响力是可以被合理利用，为社会发展起到积极正面的作用。一贯的管理思路应当被倡导社会责任所替代，意图通过合理利用广告社会功能来为践行社会主义核心价值观做出贡献。

7.2.2 加强主体要素的相关规制建设

在本书的案例研究中可以发现相关规制发挥作用之处主要是基于信息传播前对于广告信息的约束，但是缺乏相应的传播中的管控与传播后追究部分的实操性。相关立法的缺失是主体要素存在问题及引发广告舆论民意呈现功能的负面效应的关键，因此需要加强主体要素的相关立法。

（1）规制建设的难度

尽管我国立法机关早就意识到网络的弊端，并制定了相关的法律规范。但是受到互联网技术不完善、网络监管制度不健全、把关信息量增大等因素影响，我们在以批判的视角论述相关规制建设薄弱的同时，也应该意识到现阶段难以克服的客观条件。但却存在难实施、难执行、难追责等问题，主要体现在以下方面。

①广告信息源头难寻。互联网端的信息是独立存在于网络空间中的立体的信息节点，信息通过多个立体的节点进行着纷繁复杂的

交叉传递。一则信息常见于被多家网络媒体转载，这是在传统大众传播时代不曾出现的新现象。信息的交叉传递与转载的不规范造成了不良信息的来源难以追寻的状况。

②媒介把关的数量与技术难度增加，且尺度尚无依据可寻。广告舆论是在互联网环境下形成的舆论，对网络媒介把关的缺省为负功能的产生提供了生存土壤。既往需要通过审核修改、甚至无法见诸传统媒体的广告信息在网络媒介上可以被肆意发布，即便现阶段各大网络媒介设置了对于包含敏感信息的审查，广告主体也可以通过对广告信息的处理，成功躲避审查。

③违规行为难以界定。广告舆论负功能的发挥通常以商业广告的失范行为作为表现，实质上是商业违法行为。合理的广告舆论活动理应是在约束制约下开展的正常的广告活动，从行业管理来讲，约束一般由法律政策、行业规定与伦理道德组成。但是，这些管理方式在广告舆论领域均属缺席状态，造成了违规行为的有恃无恐。同时，广告舆论系统所涉及的产业链条较长，不少主体的操作手法隐蔽，与合法的行为区分不显著。广告舆论的主体常常披着合法的外衣，以隐蔽的形式发布负面信息或策划事件，通过论坛、微博等网络平台迅速传播，从事违法行为，因此，违规行为的界定问题存在重重困难。

④实现传播控制的可能性低。网络媒介的开放、及时、互动、分享等特点使得广告信息的传播速度高于以往传统大众媒介传播时代，传播渠道的通畅与传播范围的扩展使得管理方对信息的控制和垄断都极为困难，因此即便存在相关规制，执行控制行为的可操作性也较低。

⑤责任主体身份的难以确定。虚拟性是互联网的一个重要特征，为广告舆论主体逃避法律监管提供了可乘之机。这意味着，即便发生侵权行为，在进行追责调查的过程中，相关机构将很难对侵权人及其幕后的委托关系进行确定。

⑥定责难以量化。广告传播是复合型的传播路径。网络传播不

再是由报刊、广播、电视新闻媒体为源头的一对多的路径，而变为一对多、多对多、多对一的复合的传播路径。铺天盖地的信息传播将受众置于被一种意识形态塑造的社会结构和意识形态所左右的状态之中。因此对违规行为的定则难以量化，一方面基于对信息抓取技术的要求，定责方难以获得信息传播的准确数据。另一方面，传播数据不能完全体现出广告舆论所产生的实际破坏效果。

（2）规制建设需要关注的要点

上述问题在实践中尚未得到解决，但是我们要意识到在加强主体要素相关规制建设时，需要注意的关键点：一是符合国际惯例，学习与借鉴发达国家关于相关主体规制的经验和做法；二是依法进行监管，通过法律明确各主体的权利与义务，让每一个主体明确哪些该做、哪些不该做，哪是底线，使广告舆论系统中主体的行为有章可循，有法可依；三是顺应民意，任何监管要体现民众意志，反映民众呼声。在监管过程中要确保公众的言论自由，确保公众的知情权，不能以监管为名弱化民意监督的作用。

7.2.3 壮大"第四种力量"

第四种力量是部分学者们对新的舆论监督主体"网民"的称呼，深入研究舆论对广告传播的制约机制，可以发现网民能够通过舆论对广告传播中的信息进行监督，推动广告行业自律。实际上，该策略是利用广告舆论的形成加之合理正当的利益追求（即社会效益），通过对广告舆论建构功能的正向发挥，来制约广告舆论负功能的产生。

谈及网民以社会舆论进行舆论监督的作用机制，主要存在两个基础：（1）网民话语权的获得；（2）广告舆论与社会舆论的关系并非单向而是双向互动的关系。舆论会对广告的内容进行监督，舆论可以反映广告效果，舆论也可以影响广告行业的发展。尤其受到互联网的发展影响，新媒体造就了比以往更加复杂的广告监管环境，网络平台赋予网民同等的传播权力，网民可以自由行使权力评论广告信息。广告受舆论的影响也日益突显，由于广告意图拉拢和获得偏好的对象是网民，所以他们的言论会对广告行业产生巨大压力，社会舆论对广告舆论产生监督与管理的作用。社会舆论挤压了不良广告的生存空间。广告要想取得良好的效果，达成塑造品牌形象、促进产品销售的目的，也需要在内容设计上符合社会舆论，受到社会舆论的监督。不少学者已经关注到了这一事实，如"眼球经济"影响下的广告行业发展，其混乱秩序就因为社会舆论的批判声音得到关注，正在被缓解，充分体现出舆论作为管理的"第四种力量"的重要作用。因而，任何相关研究都不能无视广告舆论与舆论的这种双向的、互动的、渗透的关系特征。

对于第四种力量壮大的对策建议如下。①激发网民在信息传播中扮演特定角色。信息传播过程中存在多种角色，且各角色在信息流动中同样重要，不可缺失。当信息生产者将信息创造出来，缺失传播者，信息将无法继续在更大范围内流动，掩埋在海量的互联网信息中；缺失消费者，信息无法在共同关注中融合汇聚形成舆论；缺失分解者，不真实、不客观、情绪化的舆论将破坏舆论的走向状态。其次，除了信息传播中的角色，网民仍然扮演社会角色。社会角色的缺失将激化矛盾，主要体现在面对质疑与求助，相关角色的不作为，如面对群众反映的问题，政府没有及时反馈，就会造成不满。同时，网络谣言产生的关键也在于没有强有力的有公信力的角色对信息进行辨别与判断。因此，需要通过一定的手段，确保网民在信息传播中角色的不缺失。②确保网民话语权的实现。在网络生态系统中，网民所属的各个角色为了争夺有限的生态因子而展开竞争与垄断。竞争的内容不再是自然中的食物、栖息地等，而是话语权，表现在受关注程度、观点的影响力等具体形式上。虽然网络平台赋予网民同等的传播权力，但不同主体因技术占有差异，会在竞争中获得优势，拥有更大传播权力。因此，要在对策中积极寻找确保网民话语权得以公平实现的方式方法。同时，在网络管控中要把握尺度，过紧的网络监管同样会导致网民话语权的丧失。

7.2.4 规范意见领袖与权威认证方的行业发展

对广告舆论建构功能的负功能的控制上，也可以考虑在舆论形成过程中设置关卡，着重关注意见领袖与权威认证机构。意见领袖通常是指："在人际传播网络中经常为他人提供信息，同时对他人施加影响的'活跃分子'，他们在大众传播效果的形成过程中起着重要的中介或过滤作用。"[①] 其他权威认证方源于本研究的案例研究，是通过特定行为对广告舆论的形成进行权威认证的其他官方机构。通常情况下两个主体具有强大的意见传播与整合力。既可以对广告失范行为进行助推，也可以防止广告舆论负功能的实现，因此需要规范该行业的发展。

意见领袖与其他权威认证方的优势在于以下几点。①成本低廉。广告舆论的形成无法缺失意见领袖与其他官方机构的作用，意见的传播与意见的整合因为两者的助力而快速有效地进行，并且通常成本低廉。表现最为突出的是植入式广告，在电视电影中的植入通常伴随着高额的赞助费用，如江苏卫视的《非诚勿扰》节目，其中植入的广告意见涉及从笔记本、钻戒、皮鞋等实用产品到旅游景点、京东商城等服务提供商。根据其官方报价，根据植入方式不同而价格从 1000 万元到 4000 万元人民币每季度不等。但是，如，"天才小熊猫"等互联网端意见领袖，其拥有粉丝数量接近 657 万，但是其在 2016 年的微博广告报价仅为 10 万元，是广告信息传播中性价比较高的营销选择。②营销效果佳。广告舆论对于意见领袖与其他官方机构的选用则成本低廉且效果较好。因为，"广告的强制性程度越大，浏览者对网络广告越会产生负面的态度"[②]。受众在使用如微博等网络媒介时，对信息的选择有充分的自由。因而受众在面对自主选择关注的意见领袖发布意见时，面对信赖的其他官方机构对广告

---

① 丁汉青，王亚萍. SNS 网络空间中"意见领袖"特征之分析——以豆瓣网为例[J]. 新闻与传播研究，2010（3）：82-91，111.

② 辛欣. 网络广告点击行为影响因素实证研究与企业网络广告策略[D]. 浙江大学，2006：57.

舆论的形成进行佐证时，广告态度则包容度更高，虽然其中不排除有个体差异。③增强信任感。由数字技术带来的时空分离，造成了消费者在虚拟环境下无法进行现实的直接社会接触，对于产品的质地和品质没有真实的现场感知，因而缺乏信任感。意见领袖与其他权威认证方基于多重优势，可以加强消费者对产品的信任感。

但同时，在实际操作中存在对虚假、夸张的广告信息的传播行为。该行业在发展上的不规范，导致了行业中存在价值评判标准不统一、各公司与个人间的竞争激烈、服务质量有待改善等问题。以作为意见领袖的"网红"为例，一直被与"低俗""色情"等标签相联系。如，2016年4月，"Papi酱"由于自制视频的内容涉及语言粗俗、不文明等现象而被要求整改。随着我国对于相关产业监督力度的加大，传播不利于社会主义精神文明建设和不符合广告行业规范的广告信息的意见领袖将面临规制风险。为规范行业的发展，提出以下几点建议。

①以个人特质化进行市场竞争。面对激烈的行业竞争，以"特质化"作为该行业竞争中的核心价值是促进行业规范化发展的良性开端。如，美国的一些社交网络红人，已将内容生产扩散至社会生活的多个垂直细分领域。如美食、旅游、健身、游戏等，同时为保持其商业生命周期，这些网络红人也在不断开创新的领域。

②以内容专业化延长生命周期。意见领袖想要吸引长期关注操作较难，通常情况下，因为网络信息来源广、更新快，受众会被大量信息覆盖，很难保持对某一事物的长时期关注。但是，专业化、原创性、高质量的内容输出是保持受众关注的根本原因。因为此类信息可以为之提供明确的"价值"。

③产业链的规范化。在美国，该产业链的发展比较规范，表现为各环节分工清晰、配合度高、意见领袖与广告主搭建了通畅的交流平台。意见领袖提供内容生产，集成内容商为需求与服务的提供搭建桥梁，同时提供周边服务。同时，专业化的发展也可以减少需求方的人力、物力，为政府实现社会控制提供便利。

8 结论

1. 广告舆论的社会功能

本书研究的第一个问题在于广告舆论的社会功能是什么。通过研究，本书修正了前人对广告舆论社会功能的判断，研究以结构-功能主义理论为理论基础，以多案例研究为方法，得出广告舆论的四种社会功能：①镜像功能，表现于对共同知觉人群的特征描述、对社会主流思想与思想变革的反映、对媒介技术发展与革新的体现；②民意呈现功能，主要表现为刺激意见表达与互动；③整合功能，可以整合广告产业链、整合社会思想与行为；④建构功能，可以建构人的自我与建构新的关系。

在研究基础的部分，本书首先对广告舆论的理论内涵及其社会功能的边界进行了研究。广告舆论是在广告传播过程中，经共同知觉人群互动、协调而产生的基于共同利益的整合性意见。广告舆论社会功能是广告舆论系统服务于必要的系统整合的内在属性作用于社会系统的客观结果，是形成广告舆论的必要条件作用于社会系统的客观结果，具有必要性、客观性、系统性三个概念边界。同时，在开始广告舆论社会功能研究前，本书对分析框架进行了确立。基于功能主义理论研究的系统梳理，研究发现结构-功能主义理论作为分析范式具有适用性，但同时存在缺陷。所以对结构-功能主义理论在本研究中的具体运用及针对本研究进行的改良予以说明。

在进行社会功能研究的过程中，本书对广告舆论系统的结构性要素进行了全面的探究，设立了层次与要素的假设。而后通过多案例研究对要素进行了检验与扩展，确立了广告舆论系统的三个层次与十一个结构性要素：①广告信息资源层次包含"问题"、"意见"

两个要素；②广告信息主体层次包含"广告主""广告公司""媒介""受众""意见领袖""其他官方机构"六个要素；③广告信息软环境包含"主流思想""可讨论性""相关规制"三个要素。广告舆论系统的确立，不仅为理解广告舆论提供基础，也是广告舆论社会功能研究的关键性步骤。再次，本书以结构－功能主义理论中的AGIL理论，结合上述系统要素，对广告系统功能发挥条件进行分析，即对广告舆论系统服务于必要的系统整合的内在属性进行确定。适应条件下，系统的内在属性为信息设定的受众取向、网络媒介的全面介入、对主流思想的妥协与抗争。目标条件下，系统的内在属性为信息资源与广告目标的契合、优化广告创意与表达、传播中的议程设置、意见叠加与权威认证。整合条件下，系统的内在属性为可控性信息主体的通力合作、激励受众参与互动。维模条件下，系统的内在属性为信息的可讨论性、传播中的风险控制。最后，将这些内在属性作用于社会系统的客观结果做出总结，得出了广告舆论社会功能的研究结果。

2. 广告舆论社会功能的作用机制

本书研究的第二个问题在于广告舆论社会功能的作用机制。功能作用机制的研究，对应于功能发挥所必需的广告舆论系统结构性要素作用与社会系统的过程，以及各要素间的相互关系。基于前文中的要素分析与案例分析中对要素作用线索的获取，研究得出广告舆论社会功能作用机制研究的结论。①广告舆论的镜像功能具有以广告目标为核心的作用机制，主要受到包含问题、意见的信息资源，广告信息主体中的媒介与广告信息软环境中社会主流思想的结构性要素的影响。②广告舆论的民意呈现功能具有以传播为核心的作用机制，主要受到包含广告信息资源，广告信息主体中的共同知觉人群与媒介的结构性要素的影响。③广告舆论的建构功能具有以利益为核心的作用机制，是广告舆论形成机制的前置机制，广告传播将利益纳入系统以促进意见的趋同，在趋同中建构社会。④广告舆论的整合功能具有以理性为核心的作用机制，是在广告舆论形成的基础上将理性要素纳入的结果。同时，各功能间存在耦合关系，在一定情况下各项社会功能的发挥存在连贯性、递进性，也在一定情况下呈负相关。

3. 广告舆论社会功能的发挥及引导策略

本书研究的第三个问题在于广告舆论社会功能的发挥及引导策略。基于广告舆论社会功能及作用机制研究，本书结合广告舆论社会功能发挥的现实状况，认为广告舆论的负功能主要为：①阻碍新闻媒介社会效益的发挥；②破坏双元市场结构；③对相关人群的利益损害；④激化社会矛盾。并对负功能产生要素进行了提炼。

舆论引导工作分为两个层次，本书相应地将广告舆论的引导工作分为两个步骤：首先是对广告舆论反映社会的方面进行引导，即对广告镜像功能与民意呈现功能的把控；其次是对广告舆论影响社会的方面进行引导，即是对广告舆论建构功能与整合功能发挥的控制。四个功能分别具有以广告目标、广告传播、利益、理性为核心的作用机制。因此，着眼于四项广告舆论社会功能作用机制的核心，本书有针对性地提出了四个舆论引导建议：①由管理转向合理利用；②加强主体要素的相关规制；③壮大"第四种力量"；④规范意见领袖与权威认证机构的行业发展。

参考文献

一 中文著作类

〔法〕艾德加·莫兰. 社会学思考 [M]. 上海：上海人民出版社，2001.

〔美〕爱德华·S. 赫尔曼，诺姆·乔姆斯基. 制造共识大众传媒的政治经济学 [M]. 邵红松，译. 北京：北京大学出版社，2011.

〔美〕奥尔波特等. 谣言心理学 [M]. 刘水平、黄鹏，译. 沈阳：辽宁教育出版社，2003.

毕一鸣，骆正林. 社会舆论与媒介传播 [M]. 北京：中国广播电视出版社，2012.

〔美〕伯特·K. 殷. 案例研究：设计与方法 [M]. 周海涛，李永贤，李虔，译. 重庆：重庆大学出版社，2010.

〔英〕不列颠百科全书国际中文版 [M]. 北京：中国大百科全书出版社，1999.

曹茹，王秋菊. 心理学视野中的网络舆论引导研究 [M]. 北京：人民出版社，2013.

曹苇舫，金一斌. 校报学概论 [M]. 杭州：浙江大学出版社，2008.

陈爱国，苏静. 广告原理与实务 [M]. 上海：上海财经大学出版社，2014.

陈兰. 广告学 [M]. 北京：中国青年出版社，2011.

陈力丹. 舆论感知周围的精神世界 [M]. 上海：上海交通大学出版社，2003.

陈力丹. 舆论学舆论导向研究 [M]. 上海：上海交通大学出版社，

2012.

陈培爱.国家经济发展战略与中国广告产业创新发展研究［M］.厦门：厦门大学出版社：2011.

程世寿,刘洁.现代新闻传播学［M］.武汉：华中理工大学出版社,2000.

程世寿.公共舆论学［M］.武汉：华中科技大学出版社,2003.

辞海（缩印本）［M］.上海：上海辞书出版社,1989.

崔蕴芳.网络舆论形成机制研究［M］.北京：中国传媒大学出版社,2012.

〔法〕迪尔凯姆.社会学方法的准则［M］.狄玉明,译.北京：商务印书馆,1995.

丁柏铨,夏文蓉,周斌.当代广告文案写作［M］.西安：陕西师范大学出版社,1998.

丁汉青.广告经济学［M］.北京：经济管理出版社：2009.

〔美〕凡勃仑.有闲阶级论［M］.李华夏,译.北京：中央编译出版社,2012.

〔德〕哈贝马斯.公共领域的结构转型［M］.上海：学林出版社,1999.

〔美〕哈罗德·D.拉斯韦尔.世界大战中的宣传技巧［M］.张杰、田青译,北京：中国人民大学出版社,2003.

海热提,王文兴.生态环境评价、规划与管理［M］.北京：中国环境科学出版社,2004.

韩晓燕,朱晨海.人类行为与社会环境［M］.上海人民出版社,2009.

〔美〕赫伯特·马尔库塞.单向度的人［M］.刘继,译.上海：上海译文出版社,2008.

侯钧生.西方社会学理论教程［M］.天津：南开大学出版社,2001.

胡钰.新闻与舆论［M］.北京：中国广播电视出版社,2001.

贾春增.外国社会学史［M］.北京：中国人民大学出版社,2000.

姜波.教育科学研究［M］.西安：陕西人民出版社,2008.

蒋淑媛.网络媒介社会功能论［M］.北京：新华出版社,2011.

金君俐．社会转型背景下的报纸舆论引导研究［M］．杭州：浙江大学出版社，2014．

［美］凯斯·桑斯坦．网络共和国［M］．上海：上海人民出版社，2003．

康荫．新闻概论［M］．北京：北京广播学院出版社，1991．

孔祥军主编．公共关系大辞典［M］．太原：希望出版社，1992．

［英］拉德克利夫－布朗 A R．原始社会的结构与功能［M］．丁国勇译，北京：中国社会科学出版社，2009．

［法］勒邦．乌合之众——大众心理研究［M］．冯克利，译．北京：中央编译出版社，2014．

李彬．传播学引论［M］．北京：新华出版社，1998．

李良荣．西方新闻事业概论［M］．上海：复旦大学出版社，1997．

［美］李平，曹仰锋．案例研究方法：理论与范例——凯瑟琳·艾森哈特论文集［M］．高旭东，张利平，译．北京：北京大学出版社，2012．

李晓东．全球化与文化整合［M］．长沙：湖南人民出版社，2003．

李晓枫，柯柏龄．电视传播管理实务［M］．北京：新华出版社，2001．

李衍玲．舆论学精要［M］．北京：中国社会科学出版社，2012．

刘虹．广告社会学［M］．武汉大学出版社，2006．

刘建明．基础典论学［M］．北京：中国人民大学出版社，1988．

刘建明．天理民心——当代中国的社会舆论问题［M］．北京：今日中国出版社，1999．

刘建明．舆论传播［M］．北京：清华大学出版社，2001．

刘建明．舆论学概论［M］．北京：中国传媒大学出版社，2009．

刘绍庭．广告运作策略［M］．上海：复旦大学出版社，2009．

［法］卢梭．社会契约论［M］．何兆武，译．北京：商务印书馆，2003．

卢毅刚．认知、互动与趋同——公众舆论心理解读［M］．中国社会科学出版社，2013．

吕文凯．舆论学简明教程［M］．郑州：郑州大学出版社，2008．

［美］罗伯特·K．默顿．社会理论和社会结构［M］．唐少杰，齐

心，译．南京：译林出版社，2015．

〔美〕马克斯韦尔·麦库姆斯．议程设置：大众媒介与舆论［M］．郭镇之，徐培喜，译．北京：北京大学出版社，2008．

〔加〕马歇尔·麦克卢汉．理解媒介——论人的延伸［M］．何道宽，译．北京：商务印书馆，2000．

〔英〕迈克·费瑟斯通．消费文化与后现代主义［M］．刘精明，译．南京：译林出版社，2000．

〔美〕曼纽尔·卡斯特．网络社会的崛起［M］．夏铸九，译．北京：社会科学文献出版社，2006．

倪琳．近代中国舆论思想变迁［M］．上海：上海交通大学出版社，2012．

〔美〕乔纳森·H. 特纳，社会学理论的结构［M］．邱泽奇，张茂元，译．北京：华夏出版社，2006．

〔日〕清水公一．广告理论与战略［M］．胡晓云，朱磊，张姮，译．北京：北京大学出版社，2005．

〔法〕让·鲍德里亚．消费社会［M］．刘成富，全志钢，译．南京：南京大学出版社，2008．

〔美〕萨托利．民主新论［M］．上海：上海人民出版社，2009．

史鸿文．新编广告学［M］．北京：中国政法大学出版社，1999．

〔美〕斯坦利·巴兰，丹尼斯·戴维斯．大众传播理论：基础、争鸣与未来［M］．曹书乐，译．北京：清华大学出版社，2014．

汪凯．转型中国媒体、民意与公共政策［M］．上海：复旦大学出版社，2005．

王冲．中央电视台新闻生产机制变革研究基于媒介社会学视角［M］．北京：经济管理出版社，2014．

王朋进，颜彦，高世屹．媒体危机报道原理与策略［M］．合肥：安徽大学出版社，2010．

王文勋，张文颖．日本明治维新时期舆论研究［M］．北京：中国传媒大学出版社，2013．

王新建. 人类行为与社会环境 [M]. 天津：天津人民出版社，2008.

王雄. 新闻舆论研究 [M]. 北京：新华出版社，2002.

王志. 广告文案 [M]. 武汉：华中科技大学出版社，2014.

文军. 当代社会学理论跨学科视野 [M]. 北京：中国人民大学出版社，2016.

〔美〕沃尔特·李普曼. 公众舆论 [M]. 阎克文，江红，译. 上海：上海世纪出版集团，2006.

夏义生. 消费时代的文化镜像 [M]. 长沙：湖南文艺出版社：2014.

谢建明. 文化传播及其整合 [M]. 南京：江苏人民出版社：1994.

谢瑞博. 金融契约、治理结构与产业整合 [M]. 上海：复旦大学出版社：2006.

徐向红. 现代舆论学 [M]. 北京：中国国际广播出版社，1991.

许静. 舆论学概论 [M]. 北京：北京大学出版社，2009.

〔美〕亚历山大 J C. 新功能主义及其后 [M]. 彭牧，史建华，杨渝东，译. 南京：译林出版社，2003.

杨莉萍. 社会建构论心理学 [M]. 上海：上海教育出版社，2006.

杨立川，杨栋杰. 广告媒体概论 [M]. 开封：河南大学出版社，2009.

〔德〕伊丽莎白·诺尔-诺依曼. 沉默的螺旋 [M]. 董璐，译. 北京：北京大学出版社，2013.

余秀才. 网络舆论：起因、流变与引导 [M]. 北京：中国社会科学出版社，2012.

喻国明，欧亚，张佰明. 微博：一种新传播形态的考察——影响力模型和社会型应用 [M]. 北京：人民日报出版社，2011.

喻国明. 舆论学原理、方法与应用 [M]. 北京：中国传媒大学出版社，2013.

〔美〕约书亚·梅罗维茨. 消失的地域：电子媒介对社会行为的影响 [M]. 肖志军，译. 北京：清华大学出版社，2002.

岳彩镇. 镜像自我研究理论与实证 [M]. 北京：中央编译出版社，2014.

张建设，边卓，王勇等. 广告学概论 [M]. 北京：北京大学出版社，2012.

张隆栋. 大众传播学总论 [M]. 北京：中国人民大学出版社，1993.

赵万里. 科学的社会建构科学知识社会学的理论与实践 [M]. 天津：天津人民出版社，2002.

郑杭生. 社会学概论新修 [M]. 北京：中国人民大学出版社，2003.

〔日〕竹内郁郎. 大众传播社会学 [M]. 上海：复旦大学出版社，1989.

二 论文类（期刊论文，研究报告，学位论文，报纸）

查灿长，孟茹. 第四种力量的崛起：网民舆论监督助推新媒体广告行业自律 [J]. 上海大学学报（社会科学版），2015（3）：118 - 128.

陈纯柱，王露. 我国网络立法的发展、特点与政策建议 [J]. 重庆邮电大学学报（社会科学版），2014（1）：31 - 37.

陈刚，潘洪亮. 重新定义广告——数字传播时代的广告定义研究 [J]. 新闻与写作，2016（4）：24 - 29.

陈力丹. 关于舆论的基本理念 [J]. 新闻大学，2012（5）：6 - 11.

陈旭辉，柯惠新. 网民意见表达影响因素研究——基于议题属性和网民社会心理的双重视角 [J]. 现代传播（中国传媒大学学报），2013（3）：117 - 122.

陈友华，吕程. 剩女：一个建构失实的伪命题 [J]. 学海，2011（2）：42 - 48.

程明. 关于广告传播价值理性的思考 [J]. 新闻与传播评论，2014（00）：145 - 151.

邓惠兰. 广告传播的舆论学观照 [J]. 江汉大学学报（人文社会科学版），2002（3）：77 - 81.

邓若伊. 论自媒体舆论环境的特征与变化 [J]. 新闻界，2013（10）：56 - 59.

丁柏铨. 新闻舆论引导与新闻规律 [J]. 新闻记者，1997（9）：18 -

20.

丁汉青，王亚萍．SNS 网络空间中"意见领袖"特征之分析——以豆瓣网为例［J］．新闻与传播研究，2010（3）：82 - 91．

丁俊杰，黄河．为广告重新正名——从主流媒体的广告观开始［J］．国际新闻界，2007（9）：5 - 10．

董向芸．结构功能主义与内卷化理论视阈下云南农垦组织改革研究［D］．南开大学，2012．

杜俊伟．从典型著述看国外舆论研究——以 10 种舆论专著和最近 5 年的《舆论季刊》为例［J］．国际新闻界，2009（2）：46 - 50．

范莉．广告导向与舆论导向同等重要——由名人代言广告引发的思考［J］．湖湘论坛，2007（5）：110 - 112．

方旭东．费孝通功能主义思想嬗变及其本土化［D］．陕西师范大学，2010．

冯梦莎，王静．试论议程设置功能在网络环境中的强化［J］．东南传播，2009（7）：105 - 106．

冯雅颖．微博中广告舆论的生成路径及社会影响——以新浪微博为例［J］．东南传播，2015（6）：128 - 131．

付永利．网络意见领袖影响力研究［D］．河南大学，2010．

高慧军，孙娜．公共管理舆论资源的特征与功能探析［J］．北京行政学院学报，2010（1）：30 - 34．

韩青芩．网络舆论生态探讨［J］．西部广播电视，2014（5）：10．

贺坤．传播学视阈下网络群体极化研究［D］．辽宁大学，2011．

胡衬春．我国转型期公众"自我赋权"现象与媒体责任［J］．中国出版，2012（16）：58 - 60．

花家明．当代中国广告批评研究［D］．四川大学，2007．

黄国升．当代广告舆论化现象研究［D］．福建师范大学，2011．

黄升民，陈素白．社会意识的表皮与深层——中国受众广告态度意识考察［J］．现代传播（中国传媒大学学报），2006（2）：20 - 26．

江文骐．社会化媒体移动营销的创新特征探究［D］．南京大学，2013．

蒋旭峰. 论广告意识形态 [J]. 国际新闻界, 2009 (6): 87-90.

蒋忠波, 邓若伊. 国外新媒体环境下的议程设置研究 [J]. 国际新闻界, 2010 (6): 39-45.

金昌国. 新闻媒体要把社会责任放在首位 [J]. 记者摇篮, 2010 (7): 20-21.

晋艺菡. 生态视域下网络舆论危机的本质与危机鉴别 [J]. 湖北社会科学, 2017 (1): 189-194.

晋艺菡. 小微企业的微博营销研究 [D]. 武汉大学, 2012.

李海林. 网络舆情热点信息发现及其倾向性研究 [D]. 武汉理工大学, 2010.

李鸿, 李金翔. 对"第四媒介说"的质疑 [J]. 新闻传播, 2002 (12): 54-55.

李辽宁. 当代中国思想政治教育意识形态功能研究 [D]. 华中师范大学, 2006.

李名亮. 文化批判: 传播中植入式广告行为 [J]. 上海师范大学学报 (哲学社会科学版), 2011 (5): 89-97.

李琴. 正确把握广告舆论宣传之我见 [J]. 广告大观, 1998 (8): 30-31.

李勇, 彭鹏. 社会转型期的中国网络舆论生态环境 [J]. 新闻爱好者, 2010 (21): 4-5.

李玉梅. 传播文明引领风尚——杨柳青年画版"中国梦"系列公益广告的舆论引导 [J]. 新闻研究导刊, 2015 (3): 6-7.

李忠伟. 当代中国国家舆论安全研究 [D]. 西南财经大学, 2014.

廖圣清. 上海市民的意见表达及其影响因素研究 [J]. 新闻大学, 2010 (2): 41-49.

林凯. 社会话题与广告传播舆论化刍议 [J]. 宜春学院学报, 2011 (6): 100-102.

林凌. 网络立法模式探析 [J]. 编辑之友, 2014 (1): 57-59.

刘春波. 舆论引导论 [D]. 武汉大学, 2013.

刘海龙. 中国传播研究中的两种功能主义 [J]. 新闻大学, 2012 (2): 10-14.

刘海明, 王欢妮. 论电视晚会植入式广告的伦理规范——以2010年"央视春晚"为例 [J]. 西南科技大学学报（哲学社会科学版）, 2010 (4): 75-78.

刘泓. 广告学"学科规训"及其知识谱系 [J]. 新闻大学, 2006 (2): 83-87.

刘琼. 中国网络新闻可信度研究 [D]. 华中科技大学, 2011.

刘全亮. 强化电视广告舆论引导功能的现实意义 [J]. 当代电视, 2016 (7): 66-67.

刘素颖. 广告宣传如何把握正确的舆论导向 [J]. 新闻传播, 1997 (2): 18.

刘彤, 尹仔锋. "可及"环境与"不可及"环境电影微博营销影响因素探析 [J]. 新闻界, 2012 (23): 66-70.

刘肖, 董子铭. 系统论视角下的舆论研究路径 [J]. 编辑之友, 2015 (10): 56-59.

刘星宏, 张海峰, 秦晓卫等. 加权短信网络上的谣言传播行为研究 [J]. 中国科学技术大学学报, 2012, 42 (5): 423-430.

刘怡君, 李倩倩, 牛文元. 舆论动力学模型综述 [J]. 管理评论, 2013 (1): 167-176.

刘毅. 近20年我国舆论学研究进展的知识图谱分析——基于CSSCI数据库 (1994-2013) [J]. 情报杂志, 2015 (5): 169-173.

刘允洲. 舆论的形成和报纸舆论功能的实现 [C]. 新闻学专论集, 黑龙江省科技新闻协会, 79-80.

刘智勇. 论新闻舆论与广告舆论的互动——兼析九·二一大地震期间台湾报纸广告的特点 [J]. 国际新闻界, 2000 (3): 70-72.

卢羡婷. 从无痛人工流产广告盛行看社会舆论的生成 [D]. 华中科技大学, 2011.

吕蒙. 网络社交媒体关系网络与品牌传播 [D]. 辽宁大学, 2013.

罗以澄,吴玉兰.我国新闻舆论监督与法制建设的互动关系[J].当代传播,2006(5):46-49.

潘泽宏.电视公益广告与当今伦理学[J].电视研究,1997(4):29-31.

潘忠党.舆论研究的新起点——从陈力丹著《舆论学——舆论导向研究》谈起[J].新闻与传播评论,2001(00):87-99.

祁淑玲.当代女性言语特点研究[D].天津师范大学,2005.

任倩影.从帕森斯的功能分析模式看广告社会功能的行使与异化[J].宜宾学院学报,2006,(05):82-84.

茹西子,胡泳.知乎:中国网络公共领域的理性试验田[J].新闻爱好者,2016,(02):20-24.

阮卫,周茂君.广告与意识形态[J].武汉大学学报(人文科学版),2003,(01):115-120.

沈虹,万丽慧,郭嘉.互联网广告创意传播研究——从互联网广告创意人和网络使用者双重角度看互联网广告创意传播的现状[J].广告大观(理论版),2009(1):48-59.

史建.广告在塑造社会消费观念中的功能与责任探析[J].广告大观(理论版),2007(1):43-46.

宋歌.植入式广告法律规制研究[D].东北财经大学,2016.

孙玮,张小林,吴象枢.突发公共事件中网络舆论表达边界与生态治理[J].学术论坛,2012(11):117-121.

谭伟.网上舆论概念及特征[J].湖南社会科学,2003(5):188-190.

田卉,柯惠新.网络环境下的舆论形成模式及调控分析[J].现代传播(中国传媒大学学报),2010(1):40-45.

田征宇.网络生态[J].软件世界,1998(11):130-131.

王彩波,丁建彪.试析公共舆论的内涵与功能——基于公共舆论与民主政治关系的分析[J].江苏社会科学,2012(1):74-79.

王佳.网络舆论系统的构成与运行机制研究——基于生态学的视角

[J]．新闻界，2012（5）：42－46．

王晶．我国媒体公信力的隐性危机——以北京新兴医院的广告传播为个案［J］．新闻大学，2005（4）：16－18．

王珊．基于自组织理论的网络社会生态系统演化研究［D］．北京交通大学，2010．

王双．媒体广告也要注意舆论导向［J］．新闻知识，1996（11）：8－9．

王天意．网络舆论的功能及社会效应［J］．海南广播电视大学学报，2006（3）：72．

王晓群．舆论系统小议［J］．中国广播电视学刊，2007（12）：60－61．

吴志凌．围城内外的变奏［D］．湖南师范大学，2014．

夏倩芳，张明新．新闻框架与固定成见：1979－2005年中国大陆主流报纸新闻中的党员形象与精英形象［J］．新闻与传播研究，2007（2）：29－41．

肖明超．广告公司巨变的时代［J］．声屏世界·广告人，2014（5）：41－42．

肖一，赵国岩．有实力才有竞争力［J］．城市党报研究，2002（2）：18－20．

谢金林．网络舆论生态系统内在机理及其治理研究——以网络政治舆论为分析视角［J］．上海行政学院学报，2013（4）：90－101．

辛欣．网络广告点击行为影响因素实证研究与企业网络广告策略［D］．浙江大学，2006．

忻艺珂．浅析消费者对社交网络广告态度的影响因素［J］．经营管理者，2014（18）：230－231．

徐敏．公众舆论对广告传播效果的影响研究［J］．新闻传播，2016（14）：15－17．

许静．舆论研究：从思辨到实证［J］．国际新闻界，2009（10）：6－10．

颜景毅．加入WTO后的媒体广告经营新策略［J］．郑州大学学报（哲学社会科学版），2001（6）：110－112．

杨海军，阴雅婷．新媒体环境中的广告舆论生成与网络口碑传播[J]．新闻界，2010（6）：176-177．

杨海军．"势能理论"与广告传播中的社会问题探析[J]．新闻与传播研究，2006（2）：45-49．

杨海军．广告舆论传播研究[D]．复旦大学，2011．

杨海军．广告舆论研究的学术价值和意义[J]．新闻爱好者，2010（12）：39-40．

杨海军．广告舆论研究探析[J]．新闻与传播研究，2010（5）：64-72．

杨海军．广告舆论造势的经典之作[J]．广告人，2009（8）：36-37．

姚曦，韩文静．参与的激励：数字营销传播效果的核心机制[J]．新闻大学，2015（3）：134-140．

姚曦，秦雪冰．技术与生存：数字营销的本质[J]．新闻大学，2013（6）：58-63．

姚曦，王佳．国际品牌的跨文化传播模式探析：基于文化冲突的视角[J]．广告大观（理论版），2016（3）：76-84．

叶蔚春．权力控制与大众抵抗——广告的双重意识形态解读[J]．当代传播，2016（1）：89-91．

于嵩昕，姜波．"传播"意涵的反思[J]．新闻传播，2014（15）：8-9．

于晓娟．广告舆论传播研究[D]．河南大学，2010．

余梅，杨安．从舆论学角度看广告传播[J]．安徽文学（下半月），2007（5）：180-181．

余源培．评鲍德里亚的"消费社会理论"[J]．复旦学报（社会科学版），2008（1）：15-22

喻国明．微博影响力发生的技术关键和社会机理[J]．新闻与写作，2011（10）：64-66．

昝玉林，许文贤．引导网络舆论——现代思想政治工作导向功能的发展[J]．求实，2005（6）：86-88．

张芳,司光亚,罗批.基于演化博弈理论的人际谣言传播仿真模型研究[J].系统仿真学报,2011,23(9):1772-1775.

张国华.广告的发展和监管[J].中国工商管理研究,2014(4):27-31.

张建平.中国"男主外,女主内"的刻板印象探析——基于社会性别视角[J].法制与社会,2010(17):200.

张金海,饶德江,刘珍.略论广告的舆论引导功能[J].新闻与传播评论,2001(00):100-106.

张康之,张乾友.论意见表达体系的形成与演变[J].社会科学战线,2009(10):174-184.

张娜.社会舆论影响模式探析——以现阶段经济发展为例[J].当代传播,2009(3):42-44.

张楠.如何加强广告舆论的引导[J].新闻天地(下半月刊),2010(5):33.

张树庭,李未柠,孔清溪.中国开始进入互联网"新常态"——2014中国网络舆论生态环境研究报告[J].现代传播(中国传媒大学学报),2015(3):1-9.

张苏艳.广告也必须讲导向[J].传媒,2016(12):29-30.

张晓静.跨文化传播中媒介刻板印象分析[J].当代传播,2007(2):82-83.

张惺.广告劝服与精细加工可能性理论[J].东南传播,2007(10):71-73.

张玉敏.维护公平竞争是商标法的根本宗旨——以《商标法》修改为视角[J].法学论坛,2008(2):30-36.

张志红.公益广告的新闻价值[J].新闻知识,2011(8):55-56.

张治库.社会主义意识形态的整合功能[J].社会主义研究,2004(5):19-20.

赵业清.基于复杂Agent网络的高校舆论演化系统研究[J].情报科学,2016(1):130-134.

赵勇. 社会主义意识形态功能研究 [D]. 华东师范大学, 2007.

郑立红. 漫谈广告的引导作用 [A]. 肖建文. 广播电视实践探索（下册）[C]. 海口: 海南出版社, 2007: 1403.

中国传媒大学广告学院院长黄升民. 广告就是时代镜像 [N]. 中国经营报, 2005-01-03.

中国人民大学舆论研究所《植入式广告研究》课题组, 喻国明, 丁汉青, 王菲, 李彪. 植入式广告：研究框架、规制构建与效果评测 [J]. 国际新闻界, 2011, (04): 6-23.

周葆华, 吕舒宁. 大学生网络意见表达及其影响因素的实证研究——以"沉默的螺旋"和"意见气候感知"为核心 [J]. 当代传播, 2014, (05): 34-38.

周惠. 大学生情侣间赠送礼物行为的心理学研究 [D]. 曲阜师范大学, 2014.

周欣. 微博与传统媒体行使舆论监督功能的合作模式研究 [D]. 上海师范大学, 2013.

朱健强. 改革开放30年电视公益广告主题回眸 [J]. 中国广播电视学刊, 2009 (1): 49-50.

邹国振. 社会主义核心价值体系认同的生成机制探析——以社会心理学的态度理论为分析工具 [J]. 毛泽东思想研究, 2012 (2): 145-148.

三 外文类（著作, 期刊论文）

Allport G W, Postman L. The Psychology of Rumor [M]. Henry Holt, 1947.

Anthony S. Anxiety and Rumor [J]. Journal of Social Psychology, 1973, 89 (1): 91-98.

Baladassrae M, Katz C, Measures of Attitude Strength as Predictors of Willingness to Speak to the Media [J]. Journalism and Mass Communication Quarterly, 1996 (73): 147-158.

参考文献

Benjamin Ginsberg. Thecaptive Public: How Mass Opinion Promotes State Power [M]. New York: Basic Books, 1986.

Bernays D L. The Outlook for Public Relations [J]. Public Relations Quarterly, 1966 (10): 34 – 38.

Bower, Amanda B. Highly Attractive Models in Advertising and the Women Who Loathe Them: The Implications of Negative Affect for Spokesperson Effectiveness [J]. Journal of Advertising, 2001, 30 (3): 51 – 63.

Bronislaw Malinowski. A Scientific Theory of Culture and Other Essays [M]. London: Oxford University, 1964.

Emile Durkheim. The Rules of the Sociological Method [M]. New York: Free Press, 1938.

French, J R P. A Formal Theory of Social Power [J]. Psychological Review, 1956, 63 (3): 181 – 194.

Friedkin, N E, Johnsen E C. Social Influence Networks and Opinion Change [J]. Advances in Group Processes, 1999, (16): 1 – 29.

Hayes, A F. Exploring the Forms of Self – censorship: On the Spiral of Silence and the Use of Opinion Expression Avoidance Strategies [J]. Journal of Communication, 2007 (57): 785 – 802.

Hovland C I, Janis I L, Kelley J J. Communication and Persuasion [M]. Yale University Press, 1953.

Jacobs Lawrence R. The Recoil Effect: Public Opinion and Policy – making in the U. S. and Britain [J]. Comparative Politics, 24 (2): 199 – 217.

Jeffrey Alexander. Neofunctionalism Today: Reconstructing a Theoretical Tradition, with P. Colomy, Frontiers of Sociological Theory [M]. New York: Columbia University Press, 1989.

Ludwig Von Bertalanffy. Modern Theories of Development [M]. New York: Oxford University, 1933.

Noelle - Neumann E. The Spiral of Silence: A Theory of Public Opinion [J]. Journal of Communication, 1974 (24): 43 - 51.

Oshagan H. Reference Group Influence on Opinion Expression [J]. International Journal of Public Opinion Research, 1996 (8): 335 - 354.

Park R E. The Crowd and the Public and Other Essays [M]. Chicago: University of Chicago Press, 1972.

Parsons T. Social System [M]. New York: Free Press, 1951.

Radcliffe Brown, On the Concept of Function in Social Science, American Anthropologist, 1935 (37): 395 - 396.

Sccanig Kinetic. Models of Opinion Formation [J]. Commun Math Sci, 2006, 4 (3): 481 - 496.

Scheufele Dietram A, William Eveland P Jr. Perceptions of Public Opinion and Public Opinion Expression [J]. International Journal of Public Opinion Research, Spring 2001 (13): 25.

Schramm W, Lyle J, & Parker E B. Television in the Lives of Our Children [M]. Stanford University Press, 1961.

Verplanken B. Persuasive Communication of Risk Information: A Test of Cue Versus Message Processing Effects in a Field Experiment [J]. Personality and Social Psychology Bulletin, 1991 (17): 188 - 193.

Zanette D H. Criticality Behavior of Propagation on Small - world Networks [J]. Physical Review E, 2001 (64), Article ID: 050901.

Znajdweronk Sznajdj. Opinion Evolution Closed Community [J]. International Journal of Modern Physics C, 2000, 11 (6): 1157 - 1165.

四 网络资料

2030元！内地情人节平均预算居亚太榜首 [N/OL]. 千华网. http://www.qianhuaweb.com/2017/0214/3680997_3.shtml.

阿莱. 不舍得为你花钱的男人一定不爱你 [OL]. http://fashion.sina.com.cn/zl/style/blog/2014 - 05 - 09/10011246/1587243893/5e9b6 b750102ear4. shtml.

百度产品介绍 [OL]. 百度网. http://home. baidu. com/product/product. html.

保罗·拉扎斯菲尔德. 大众传播的社会作用 [OL]. http://vdisk. weibo. com/s/yXLFnRZeUXJDW.

充满活力的95岁! 中国共产党广告《我是谁》圈粉无数 [N/OL]. 凤凰网. http://news. ifeng. com/a/20160727/49672111_0. shtml.

第35次中国互联网络发展状况统计报告 [EB/OL]. http://news. mydrivers. com/1/381/381898. htm.

独家专访丨郭育明: 他拍了党的第一支广告 [N/OL]. 易拍即合网. http://www. tvcbook. com/index. php? m = content&c = index&a = show&catid = 46&id = 205.

美媒: 中国共产党新电视广告问"我是谁?" [N/OL]. 环球网. http://oversea. huanqiu. com/article/2016 - 08/9247268. html.

朋友圈见证 YSL 口红从火爆到跌落神坛 [OL]. http://blog. cnfol. com/zj16071213085119460/article/1480495724 - 124278530. html.

评论员. 把学习"七一"讲话精神引向深入——论深化"两学一做"学习教育 [N/OL]. 人民网. http://paper. people. com. cn/rmrb/html/2016 - 08/19/nw. D110000renmrb_20160819_5 - 01. htm.

史黛拉. SK - Ⅱ相亲角广告刺激中国销售暴涨 50% [N/OL]. 人民网. http://lady. people. com. cn/n1/2017/0208/c1014 - 29064869. html.

WebInsight. [数据] SK - Ⅱ刷屏的《她最后去了相亲角》真的有效果吗? [OL]. http://socialbeta. com/t/data-the-effect-of-sk-ii-change-destiny-campaign.

我是谁 [N/OL]. 人民网. http://paper. people. com. cn/rmrbhwb/html/2016 - 07/29/content_1699534. htm.

"我是谁"传递出了共产党员的担当 [N/OL]. 长江网. http://news. cjn. cn/cjsp/gdzl/201607/t2861624. htm.

新浪微舆情 [OL]. 新浪网. http://wyq. sina. com/login. shtml.

YSL唇膏一夜爆红，但让人细思极恐的"口红效应"你知道吗？
［N/OL］．界面网．http：∥www．jiemian．com/article/911967．html．

YSL星辰惊现十几万支假货！4000块钱当心买个坑［OL］．http：∥
fashion．sohu．com/20161020/n470775809．shtml．

Ysl星辰口红惨遭万人唾弃圣诞限量版成过气网红［N/OL］．福州新
闻网网．http：∥news．fznews．com．cn/shehui/y20161109/cjxw10588．
html．

YSL星辰有点方 还没在中国上市却被卖疯了？［OL］．http：∥www．
ebrun．com/20161101/199308．shtml．

游霭琼．在解决好根本问题中找准坐标定位［N/OL］．新华网．http：∥
news．xinhuanet．com/comments/2016－03/14/c_1118318463．htm．

喻国明．微博是个好东西［OL］．http：∥www．media．tsinghua．edu．cn/
2012/0314/1351．html．

愿意为你花钱的男人不一定爱你，但是不愿意为你花钱的男人一定
不爱你［OL］．http：∥www．mmbang．com/bang/451/21682084．

在解决好根本问题中 找准坐标定位［N/OL］．新华网．http：∥
news．xinhuanet．com/comments/2016－03/14/c_1118318463．htm．

张德芬．女人的快乐不能依附于男人［OL］．网易网．http：∥lady．163．
com/15/0412/21/AN1GAJPM002626I3．html．

中国共产党竟然打广告了！带你走进幕后故事［N/OL］．腾讯网．
http：∥news．qq．com/a/20160727/009936．htm．

中华人民共和国广告法［OL］．http：∥www．gov．cn/zhengce/2015－
04/25/content_2853642．htm．

周永学．谈谈共产党员形象问题［N/OL］．人民网．http：∥theory．people．
com．cn/GB/40537/9912006．html．

图书在版编目（CIP）数据

广告舆论及其社会功能/晋艺菡著. -- 北京：社会科学文献出版社，2020.6
ISBN 978 - 7 - 5201 - 6045 - 2

Ⅰ.①广… Ⅱ.①晋… Ⅲ.①广告 - 舆论 - 社会功能 - 研究 - 中国 Ⅳ.①F713.8

中国版本图书馆 CIP 数据核字（2020）第 014481 号

广告舆论及其社会功能

著　　者 / 晋艺菡
出 版 人 / 谢寿光
责任编辑 / 宋浩敏
文稿编辑 / 商筱辉

出　　版 / 社会科学文献出版社·联合出版中心（010）59367151
　　　　　　地址：北京市北三环中路甲29号院华龙大厦　邮编：100029
　　　　　　网址：www.ssap.com.cn
发　　行 / 市场营销中心（010）59367081　59367083
印　　装 / 三河市龙林印务有限公司

规　　格 / 开　本：787mm × 1092mm　1/16
　　　　　　印　张：12.75　字　数：175千字
版　　次 / 2020年6月第1版　2020年6月第1次印刷
书　　号 / ISBN 978 - 7 - 5201 - 6045 - 2
定　　价 / 89.00元

本书如有印装质量问题，请与读者服务中心（010 - 59367028）联系

版权所有 翻印必究